内容变现

从0到1打造
高收益内容创收模式

毛清阳 陈瑞武 | 著

化学工业出版社
·北京·

内 容 简 介

本书基于内容创业这个大背景，紧紧围绕互联网内容变现而写，目的是指导内容创业者对内容创业有全面、深刻、系统的认识。

本书按照内容创业的基本逻辑来写，对多个知识点进行详细讲解。全书共8章，第1章阐述内容经济的赚钱效应和发展趋势；第2章介绍内容变现的具体形式；第3~7章分别从内容生产、内容运营、图文内容创作技巧、视频内容创作技巧、内容营销5方面具体阐述，介绍了相关的方法、技巧和注意事项，并就很多实际案例进行了针对性解析；第8章理论联系实际，结合典型案例运营分析内容创业过程中的规律、技巧以及注意事项。本书旨在帮助读者做高质量内容，以内容带动变现，指导内容创业者赚取第一桶金。

图书在版编目（CIP）数据

内容变现：从0到1打造高收益内容创收模式/毛清阳，陈瑞武著. —北京：化学工业出版社，2022.6
ISBN 978-7-122-41203-4

Ⅰ.①内⋯ Ⅱ.①毛⋯ ②陈⋯ Ⅲ.①创业-研究 Ⅳ.①F241.4

中国版本图书馆CIP数据核字（2022）第060916号

责任编辑：卢萌萌　　　　　　　　　　　　　文字编辑：李　曦
责任校对：边　涛　　　　　　　　　　　　　装帧设计：水长流文化

出版发行：化学工业出版社（北京市东城区青年湖南街13号　邮政编码100011）
印　　刷：三河市航远印刷有限公司
装　　订：三河市宇新装订厂
710mm×1000mm　1/16　印张10　字数206千字　2022年10月北京第1版第1次印刷

购书咨询：010-64518888　　　　　　　　　售后服务：010-64518899
网　　址：http://www.cip.com.cn
凡购买本书，如有缺损质量问题，本社销售中心负责调换。

定　价：59.00元　　　　　　　　　　　　　　　　　　　版权所有　违者必究

前言

2021年初一位成功企业家在答《财经》记者关于"互联网是否正在从流量战争转向内容战争"的问题时，曾表达过这样一个观点：未来内容的价值、IP的价值会越来越重要。

关于内容，大多数人对其的理解非常狭隘，认为内容就是文字，它存在于一个很狭窄的范围内，甚至只存在于纯文学和通俗文学里。就像有人说的，文学是枯燥的、无用的，与现实保持着一定的距离，不能解决细胞变异的问题，不能把飞船送上天，不能在现实里提供点对点的利益。

事实并非如此，内容有很强大的影响力，它不是属于一部分人的，而是一个通达万众的东西，内容经济中"内容"指的就是这层意思。

首先，对企业而言，无论是传统企业，还是互联网企业都在做内容。红牛、可口可乐等知名品牌也在积极开拓以内容为基础的营销推广，通过建立自己内容平台或媒体工作室进行品牌传播，吸引消费者的注意力。以腾讯、百度、阿里巴巴、今日头条为首的互联网平台、媒体都在积极布局内容战略，争夺用户碎片化时间。

其次，对自媒体、个人而言，在企业大打内容牌的同时，伴随而来的是个人在内容上的创业潮。一大批拥有知识资源的精英人士瞄准内容，直接变现，最先获益，赚得盆满钵满。央视抖音号粉丝破亿，喜马拉雅FM推出"知识狂欢节"，付费社群、内容付费逆势崛起，BAT巨头入场内容分发平台，各大电商也开始发力内容营销……

内容创业、消费升级、人工智能和新零售被誉为互联网时代的四大风口。尤其是内容创业，它带动了内容经济的发展。而内容经济的核心是内容变现，无论写公众号、开辟自媒体专栏，还是做直播、玩短视频等，都是为了获得一定的收益。但随着越来越多内容创业者的涌入，变现越来越难，甚至成为决定是否做内容的最关键问题。

本书基于内容创业这个大背景，紧紧围绕内容变现而写。分别从内容变现、内容生产、内容运营、内容撰写、内容营销等方面进行阐述。从零开始教读者做高质量、高精准度的内容，以内容带动变现，满足用户对内容的需求，帮助读者赚取内容创业的第一桶金。

本书语言简洁，图文并茂，案例丰富，集理论与实务于一体，在理论知识介绍的同时注重实操，以便读者在最短时间对内容创业、内容变现有全面、深刻、系统的认识。本书按照内容创作的逻辑关系行文，对多个知识点进行详细讲解，帮助读者快速入门，运用很多实例图解，巧解专业知识难点，从资料搜集到写作，从运营到推广，从自我提升到平台管理，手把手教读者如何成为一名合格的内容创业者。

由于作者自身的能力、认知及时间有限，掌握的资料有所偏颇，再加上成书时间仓促，书中难免有疏漏之处，希望广大读者不吝指教。

目录

第1章 迎接风口：内容经济将成新蓝海

1.1 内容经济带来的赚钱效应　002
　　1.1.1 亿级阅读量爆文的逻辑　002
　　1.1.2 知识付费为什么如此火　003
　　1.1.3 抖音为什么发力内容电商　005
1.2 内容经济的概念及发展趋势　007
　　1.2.1 内容经济的概念和范围　007
　　1.2.2 内容经济的发展趋势　008

第2章 内容变现：知识经济时代新风向

2.1 内容变现更像一项投资活动　011
2.2 内容产品变现难度解析　011
　　2.2.1 自媒体　011
　　2.2.2 短视频　013
　　2.2.3 直播带货　016
　　2.2.4 内容电商　019
　　2.2.5 社交平台　021

第3章 内容生产：搭建内容的"粮草库"

3.1 好素材是产出好内容的基础　026
3.2 好素材的3个评判标准　027
　　3.2.1 需求性：抓住平台和目标受众的需求　027
　　3.2.2 时效性：多关注新近发生的　029
　　3.2.3 价值性：提供干货，避免假大空　030
3.3 内容素材搜集的途径　031
　　3.3.1 内容重组、编辑和整合　031

3.3.2 内容生产的三种方式　033

3.4 内容素材搜集的常用工具　035

3.4.1 找素材的工具　035

3.4.2 看热点工具　036

3.4.3 数据分析工具　041

3.5 内容素材的分类与整理　042

第 4 章 内容运营：将内容打造成具有商业价值的"产品"

4.1 运营是连接内容与用户的桥梁　044

4.2 内容运营的工作范畴　044

4.2.1 内容精准定位　044

4.2.2 内容价值提炼　046

4.2.3 内容规划管理　048

4.2.4 内容加工包装　050

4.2.5 内容专题策划　052

4.3 为内容贴标签，让内容更个性　055

4.3.1 需求标签：抓住受众的痛点需求　055

4.3.2 热点标签：追逐热点事件和现象　057

4.3.3 话题标签：制造有吸引力的话题　058

4.3.4 相关标签：紧紧围绕主题和观点　060

第 5 章 内容撰写：图文内容创作技巧

5.1 拟写吸睛标题，写得好事半功倍　064

5.1.1 开门见山式：直接提出主张　064

5.1.2 悬念式：激发目标受众兴趣　065

5.1.3 情感式：引发目标受众情感共鸣　066

5.1.4 故事式：用故事打造代入感　067

5.2 搭建内容框架，确立写作方向　068

5.2.1 深耕细分领域，确定主题　068

5.2.2 围绕主题，选择写作视角　071

　　　　5.2.3　设置鲜明的形象或符号　074

　　　　5.2.4　开个好头，先声夺人　076

　　　　5.2.5　植入关键词，提高内容曝光度　078

　　5.3　优化视觉效果，让目标受众更舒心　080

　　　　5.3.1　文字：提升内容的审美性　080

　　　　5.3.2　图片：拓展内容的信息量　081

　　　　5.3.3　色彩：感觉就是顺眼、耐看　082

第 6 章
内容撰写：
视频内容创作技巧

6.1　选择拍摄设备，提升拍摄质量　087

　　6.1.1　常用拍摄设备优劣势　087

　　6.1.2　合理运用拍摄构图法　088

6.2　运用剪辑技巧，提升视频观看体验　092

　　6.2.1　转场技巧：将多个视频无缝对接　092

　　6.2.2　运镜技巧：丰富视频画面的多样性　094

　　6.2.3　特效技巧：特定氛围的精心营造　096

　　6.2.4　色彩校正技巧：色彩更接近真实　098

　　6.2.5　视频剪辑：借助制作软件打造出彩画面　100

6.3　视频优化，提升视觉观看效果　102

　　6.3.1　确定封面　102

　　6.3.2　添加文案　104

　　6.3.3　添加音乐　107

　　6.3.4　添加字幕　108

第 7 章
内容营销：
有效地开展内容传播与推广

7.1　内容营销概述　111

　　7.1.1　内容营销的概念　111

　　7.1.2　内容营销的作用　111

　　7.1.3　内容营销的关键　112

7.2 适合做营销的3类内容 114
7.2.1 有效性内容 114
7.2.2 可检索性内容 116
7.2.3 准确性内容 118

7.3 内容营销的技巧 118
7.3.1 以用户需求为导向 118
7.3.2 体现营销意图 119
7.3.3 插入营销活动 122
7.3.4 巧妙植入产品 124
7.3.5 注入社交元素 126
7.3.6 引导目标受众转发 127

7.4 内容营销的方式 129
7.4.1 口碑营销：内容呈"辐射状"扩散 129
7.4.2 事件营销：内容结合热点事件传播 130
7.4.3 精准营销：用大数据加强内容的针对性 132

第8章 案例分析：内容变现经典案例分析

8.1 得到App：一枝独秀的背后 136
8.2 喜马拉雅FM：破局知识付费魔咒 138
8.3 樊登读书：粉丝暴涨有"秘籍" 140
8.4 暴走漫画：打造高质量内容的诀窍 143
8.5 欧莱雅：为品牌创建"内容工厂" 146
8.6 唯品会：创意延展玩转内容营销 147
8.7 黎贝卡：内容工作者转型内容电商 149

第1章

迎接风口：
内容经济将成新蓝海

内容经济是"互联网+内容"产业下的一种新经济形态。互联网横空出世，信息传递的方式呈多样化，节奏进一步加快，信息量爆发，内容开始膨胀。这时的"内容"不再是简单的信息，而是具有资本变现能力的内容经济，它们开始承载更多的使命。

1.1 内容经济带来的赚钱效应

1.1.1 亿级阅读量爆文的逻辑

自媒体时代,阅读量某种程度上就意味着赚钱,阅读量越高,变现可能性越大。虽然很多平台不会单纯地以阅读量计算收入,但通常也是以阅读量为基础。试想,一篇文章连最基本的阅读量都没有,怎能得到平台的推荐?

与传统以投稿获取收益的方式不一样,自媒体时代写文也能赚钱,而且是按流量计算的。以今日头条为例,通常是按展现量计算,1万展现量获利12.5元。只要文章足够优秀,被读者认可,就能得到大量流量。流量一旦上升到一定程度,就形成了变现的基本条件。换句话说,爆文背后的逻辑就是巨大的流量支持,有了流量收入自然就能提高。这也是互联网时代优质内容总能引发赚钱效应的逻辑。

按照目前大多数平台收益计算的方式来看,通常有3种流量计算方式,如图1-1所示。

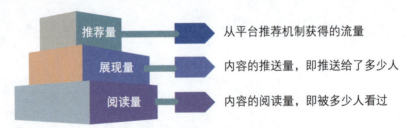

图1-1 自媒体文章的3种流量计算方式

(1)推荐量

推荐量是因平台的推荐机制算法而获得的流量。当我们发布作品之后,平台会提取作品里面的关键词,然后根据关键词去匹配感兴趣的用户,即把我们的作品,放到一个流量池里面,这个流量池可能有1000个用户,那么推荐量就是1000。

(2)展现量

展现量,可以理解成曝光度,或者曝光量,所谓曝光是指内容已经在用户的屏幕上显示出来。智能手机屏幕是上下滑动的,内容虽然被推荐成功,但是在用户的手机上没有被滑出来,用户没有看见,不计入曝光量。而如果用户滑动屏幕,出现了某个内容,该内容每出现一次,曝光量就会增加一次,所以展现量通常不等于推荐量,而是大于或小于推荐量。

(3)阅读量

阅读量是指读者看到内容,并进行点击,进入详情页查看的一个指标。阅读量是建立在曝光量基础上的,有的内容曝光量很高但阅读量低,这是因为标题和封面的吸引力不够,读者没有进入详情页面的兴趣与欲望。

综上所述，要想写出爆款文章，除了提升创作水平，还必须找到其背后的逻辑，掌握获取流量的技巧和方法。

1.1.2 知识付费为什么如此火

随着互联网的普及和发展，信息的获取更加高效、快捷。其中很重要的一个方式就是知识付费，因为这种方式迎合了一部分人的需求便很快地发展起来。

知识付费早在2011年就曾推出，最具代表性的有蜻蜓FM的网络付费音频节目、得到App的付费专栏和喜马拉雅FM的"123知识狂欢节"。

> **案例1**
>
> "123知识狂欢节"是由喜马拉雅FM发起的国内首个知识消费节，定于每年的12月3日，主要目的是号召全民重视知识的价值。它类似消费领域的"双十一"，只不过这天消费的不是某个物品，而是精神食粮：知识。图1-2所示为某次知识狂欢节宣传海报。

图1-2 喜马拉雅FM123知识狂欢节宣传海报

此后，各大平台先后推出知识付费，例如36氪、豆瓣阅读、知乎、创客匠人、微信公众号、今日头条等，将知识付费逐步推向高潮。

知识付费硬件设备无论是在PC端，还是在移动端发展得都非常完善，这为整个知识付费行业的发展奠定了生存的基础。知识付费主要指知识的获取者为所阅览或获取知识付出资金的行为，知识的提供者或传播者也可间接获取报酬。

知识付费的优势如图1-3所示。

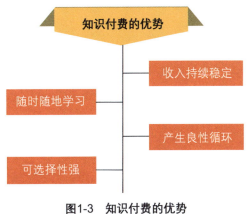

图1-3 知识付费的优势

内容变现：从0到1打造高收益内容创收模式

（1）收入持续稳定

知识付费的用户经过长期发展，已经十分稳定，他们大多了解知识付费，愿意为优质内容买单。所以基本新增的用户和新增收入是成正比的。

只要内容创业者能够保持高质量内容的持续输出，付费用户也会不断累加，继续付费的意愿也会维持在一个比较高的水平。换句话说，就是在收入方面具有长尾效应，所有的创作内容都能够发挥出它应有的价值，保证了内容创业者的收入稳定。

（2）随时随地学习

由于知识付费打破了时间和空间的限制，让人们可以更高效、更便捷、更自由地去提升自己，发展兴趣爱好。因此，用户黏性是非常高的，一旦成为用户则很忠诚。

当下人们的阅读方式和习惯决定了知识付费内容的进一步碎片化。根据调查，50%以上的知识付费用户是利用日常碎片时间进行阅读或收听，比如在上班路上、午休、睡前的时间。因此，知识付费内容碎片化的加深顺应了大众的阅读习惯。

（3）产生良性循环

之前的文字爱好者或工作者为什么很难变现，就是因为自身的局限性，往往只擅长内容的输出，而对目标受众的喜好、推广、营销、引流等环节则一无所知。

知识付费则很好地规避了这些，不但可以保留创作者高质量内容输出的优势，又可以很好地衔接其他环节，比如，平台谈判、排期确认、营销引流等，形成了良性的循环。

知识付费恰恰可以帮助内容创业者把时间更多地花在擅长的事情上，节省时间和精力成本，有助于产出更多更优质的内容，从而带来更多的付费用户。

换句话说，只要找到一个合适的知识付费平台，即可大大降低变现的难度。

> 创客匠人专注为教育培训机构、讲师、企业内训等而研发的知识付费系统，以知识店铺为呈现形式，几乎涵盖所有互联网上有效的内容变现方式，可一站式满足内容承载、用户管理、付费转化、社群运营等需求，对创业者们打造自己的品牌很有帮助。
>
> 同时，创客匠人还有专业的服务团队，内容创业者们无须花费太多时间在自己摸索上，只要有不明白的，随时都可以找到人解决，以节省大量不必要的时间和成本。

（4）可选择性强

知识付费也被称为知识电商，是内容电商的一种，即把媒体、教育都变成像书一样的内容输出，以此实现商业价值。其产品包括视频、音频、图文、直播、活动、社群、问答、商城等形式。创作者可以根据用户的需求、特点和兴趣,选择最合适的内容形式,也可以制作成多种形式同时出售。

不过,知识付费也有很多不完善之处,大大限制了其发展进程。知识付费在新兴行业并没有大范围普及开来,更多地体现在传统产业上,比如,教育、出版、传媒等。内容传播形式也较为单一,多局限于专栏,或者音频,其他形式仍在摸索中。

1.1.3 抖音为什么发力内容电商

流量时代,渠道为王,内容创作者对于流量的争夺也愈演愈烈。能及时抓住机会的人赚得盆满钵满,抓不住机会的人空留遗憾。抖音就可以为很多人提供这样的机会。

抖音一直在发力内容电商,无论是短视频还是直播带货,背后都隐藏着巨大的流量,只要顺势而为就可以抓住机遇。

抖音电商致力于成为用户发现并获得优价好物的一个平台。图1-4所示为抖音上的好物推荐视频和直播画面。众多抖音创作者通过短视频/直播等形式,给用户提供更个性化、更生动、更高效的消费体验。同时,抖音电商积极引入优质合作伙伴,为商家变现提供多元的选择。

以流量为核心,抖音越来越向内容电商靠近。"种草"是抖音内容电商之路的起点。在2018年,土耳其冰淇淋、佩奇手表带、奶片糖等商品被抖音打造成了网红商品。

图1-4 抖音好物推荐视频和直播

抖音红人的个人页一般都会展示微博主页链接和淘宝店号码。抖音的种草内容担任了淘宝和抖音的流量交易中的中转站角色。抖音内容电商发展历程，如表1-1所列。

表1-1　抖音内容电商发展历程

时间	事件
2018年3月	陆续有100个内测账号接入购物车功能。用户点击购物车会出现商品信息，再点击进入淘宝页面
2018年5月	抖音达人的主页又增加了"TA的推广商品"入口，可以直通达人自有店铺页面查看推广商品，再跳转到淘宝
2018年12月	推出营销工具DOU+服务，主播们付费为视频采买流量
2020年初	以罗永浩为代表的众多明星、达人在抖音开启直播带货，抖音内容化场景消费呈爆发式增长
2020年5月	抖音推出产业带商家"百亿"扶持计划进一步助力复工复产有序进行；投入百亿流量、结合多项措施，助力中小企业高效恢复运转
2020年8月	上线首个平台级电商大促活动：抖音奇妙好物节。活动获得了超100亿次直播观看量，总成交额突破80亿元，实现人货场关系重构
2020年11月	10月30日起，抖音电商正式开启11.11狂欢
2021年4月	抖音电商首届生态大会8日在广州举行

与传统电商相比，抖音内容电商经营模式有着与其他电商不同的路径，即"内容→商品→服务"，具体如图1-5所示。

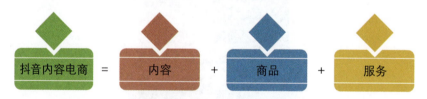

图1-5　抖音内容电商的生意路径

由此"好内容+好商品+好服务"就成为抖音内容电商的模式，对于内容创业者来讲，要充分挖掘抖音平台的价值，就需要弄懂抖音内容电商路径的经营逻辑。

"好内容"即经营好抖音号，通过短视频+直播积累目标受众、建立目标受众认知、沉淀目标受众价值；"好商品"即经营好抖音店，让品质、价格俱优的商品，通过好内容和目标用户进行连接；"好服务"即做好履约和售后服务，用户下单远远不是结束，平台和商家一起为消费者提供良好的购物体验，并持续沉淀用户对商家的认知积累并产生复购。

1.2 内容经济的概念及发展趋势

1.2.1 内容经济的概念和范围

互联网的快速发展带来了信息技术的变革,信息的生产者、传播媒介以及传播方式都发生了重大变化。尤其是信息的生产,由主流媒体逐渐下沉到自媒体。互联网大大降低了内容创业的成本,使得内容创业逐渐深入普通大众。

进入自媒体时代以来,"人人皆媒体"也随之到来,人人可消费内容,也可生产内容。例如,企业非常推崇的内容营销,就是因为企业拥有了生产内容的主动权,能主动创造内容,并利用内容为品牌和产品赋能,进行推广营销。在吸引消费者关注的同时,为消费者提供更多的信息,帮助消费者决策等。

信息技术革命后,人们对信息的理解、掌握和运用更加深入,不但要做信息的接受者,还要做信息的创造者。而信息是可以创造价值的,当人人都拥有信息的主动权后,信息创造价值的范围就被无限放大。它可能不再局限于某个媒介,而是可以具体到每个人,这也是最近几年内容经济快速发展,内容创业者越来越多的主要原因。

(1)内容经济的概念

截至本书面世前,没有任何一个媒体或机构对内容经济的概念做过明确界定。尽管其说辞有所不同,但都在强调一个核心:那就是利用内容实现盈利。所谓内容经济可以分为两个部分来理解,即内容创作是形式,实现经济利益是最终目的。

为了便于理解,在对内容经济概念的解释上,可将其分为两部分,一部分是内容,另一个部分是经济。具体解释如图1-6所示。

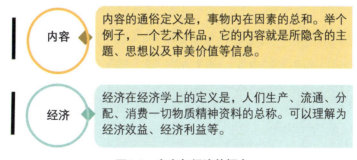

图1-6 内容与经济的概念

由上所述,我们可对内容经济的概念做一下总结,如图1-7所示。

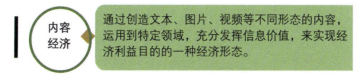

图1-7 内容经济的概念

内容变现：从0到1打造高收益内容创收模式

（2）内容经济的范围

内容经济中"内容"的范围非常广，包括自媒体文章、广告文案、商品软文，以及直播电商，社交平台上的图文、视频等信息。目前，这些形式的信息已经成为经济系统的重要引擎，与各个行业深度融合，产生了经济效应。

例如，很多自媒体创业者会润物细无声地在文章中融入一些软性广告，让目标受众在阅读文章的同时被潜移默化地带入产品或者服务中去，并慢慢地接受。

再例如，有些网红博主，通过拍摄、剪辑一些小视频发布到自媒体平台，获得大量播放和流量，间接或直接获得相应的收益。在这里需要注意的是，视频一定是有价值或者趣味的，会受到阅读目标受众的喜爱。

通过有效组织信息的被广泛使用，满足教育受众的精神需求，并由此带来了社会发展，满足市场经济。特别是互联网的发展进一步释放了内容经济潜能，将内容经济延伸成为一种新生态，带领传统经济迅速发展与转型。

1.2.2　内容经济的发展趋势

在看待任何一个新生事物的未来发展时，都应该本着一分为二的原则，既看到好的一面，也看到坏的一面，这才符合唯物主义辩证法的观点。

内容经济同样如此，好的一面是促使信息的传播成本更低，效率更高；坏的一面是内容的过度商业化将会带来一系列负面问题。

（1）传播成本更低，效率更高

内容回归到生意的逻辑，可以让创造者通过内容平台实现利益最大化，它是时代、时机、时间的生意。随着内容经济模式的多元化，内容的成本更低、方向更精准、效率更高。

基于内容展开的活动，未来将成为生产者与消费者深入沟通的最佳途径，生产者通过创造、分发受众感兴趣的内容，使内容产生更大价值，以提升消费者对企业、品牌的好感度和信任度，进而实现低成本变现的目的。

高价值内容在正确的人手中可以获得巨大的利益，而对于没有变现手段的人来说，意义不大，变现也很难。

> **案例3**
>
> A在电梯里偶然听到高管在聊天，知道下个月美股有一家公司会大涨，但是由于没有美股账户，只能将这个信息告诉一个有美股账户的朋友B。B根据过往A的靠谱程度先判断这个信息是否确切；如果相信则需要衡量自己愿意冒多大风险进行尝试；接着考虑如果交易确实获益，如何将相关的利益分配给A。
>
> 最后，A可能会从B那儿得到一点好处，但所获也是很少的一部分。而如果A自己有账户，也有适量的资金，则能可观地赚一笔。

高价值的信息在商界叫商机，在军政界叫情报，这就是内容的价值。内容经济下内容的价值剧增，变现成本也大大降低。

（2）内容经济带来的负面问题

在商业的催化下内容开始发酵变质，涌现出很多负面问题，主要表现在如何平衡内容与现实利益之间的关系。

当内容对于现实利益发力不够，不能够更好地服务于利益，变现的难度将大增。比如，品牌如何从丰富的IP资源中筛选，确定最符合定位的内容产品？在链接内容、场景、商品和服务时，如何通过数据技术评估、反馈？"内容+场景+体验"的模式如何帮助平台需求转型？技术如何驱动用户对内容和服务的需求？

当内容对于现实利益发力过大，过度商业化，则又可能会破坏内容本身承载知识、服务大众的初衷，内容质量势必也会下降。

> **案例4**
>
> 以名人App这一现象为例。名人App是指名人通过专门的App展示与自己有关的内容，与粉丝互动，引导粉丝付费购买周边产品。在国外，这一现象非常流行，比如，麦当娜、贾斯汀·比伯等。
>
> 麦当娜App内容包括麦当娜的专辑、照片、视频、与粉丝交流的社区，粉丝可通过App在iTunes Store或者亚马逊网站买专辑或其他周边产品。炙手可热的贾斯汀·比伯，也推出了付费App（售价为人民币6元）。购买后，粉丝们可以看到有关这位流行音乐王子的最新新闻、采访、壁纸等，让粉丝们近距离接触贾斯汀。
>
> 受这股潮流的影响，国内也掀起了名人App热潮，内容和麦当娜、贾斯汀·比伯相似。但很少有像他们那样受欢迎的App，绝大部分都因没有及时更新，内容缺乏创新，运营难以持续。
>
> 某明星App上的内容曾创下周下载量破十万的成绩，而最终因更新不及时被粉丝抛弃。最近的一次更新是2013年3月8日，通告里只有2012年12月3日的一条，粉丝则是大喊"期待更新"。

没有吸引人的内容，没及时更新，就不会有用户持续关注，变成鸡肋也是必然。因此，想要在内容经济中分得一杯羹，一定要围绕内容去做，坚持做过硬的内容，同时也应处理好与变现之间的盈利关系。

第 2 章　内容变现：知识经济时代新风向

说到自媒体的变现，不得不提近两年大行其道的"内容变现"。在内容经济大潮下，许多人纷纷开始内容创业，打造自己的内容产品，爆款文章、音频课程、直播带货、内容电商等。基于内容而形成的变现渠道，正成为知识经济时代的新风向。

2.1 内容变现更像一项投资活动

在这个信息高度发达的时代，尤其是在互联网、移动互联网助推下，内容的获取成本越来越低，获取渠道越来越多。因此，内容创业也成为知识经济时代的新风向。例如，微信上超百万阅读量的爆款文章；华尔街见闻推送给用户的全球实时金融资讯；优酷上美妆达人上传的化妆视频；晋江上连载的网络小说；YY直播里唱歌的主播。

做内容创业核心是变现，所谓变现就是指通过创造高质量的内容，经过商业化运作，实现盈利。在互联网、移动互联网时代，内容变现方式已呈多样化，创作难度也随之变小，难的是如何实现变现。以短视频为例，短视频带货一度很火，曾让很多人相信似乎谁都可以在短视频里赚到钱，任何东西都可以在短视频上卖到爆。事实并非如此，从总体来看，依靠短视频变现难度还是很大的，成功者也是少数。

> **案例1**
>
> 以抖音短视频为例，在抖音上如果只看几个头部主播的业绩，会给人一种假象，那就是只要开通账号每个人都可以赚钱。
>
> 丽江石榴哥直播卖出石榴鲜果120吨，20分钟成交额突破600万元；
>
> 珀莱雅泡泡面膜依靠抖音，一个月卖出80万盒，销售额从2000多万元增至6000万元；
>
> 还有长期霸占抖音小店排行榜的牛肉哥严选等，他们的带货量都大得惊人。
>
> 然而，现实中大多数人经营状况却非常惨淡，90%的抖音账号是不盈利的。很多人兴致勃勃地进去，想依靠抖音攫取第一桶金，然而却事与愿违，做了几个月进展缓慢、无法变现。无法变现的原因很多，最主要的就是内容不够优质。
>
> 比如，内容没有创意，画质模糊，没有亮眼的人、物、景吸引目标受众，没有笑点、泪点、感动点留住目标受众；还有一部分人账号定位和人设IP模糊不清，即使偶尔出一条爆款视频，也无法做到持续输出。

优质的内容不一定能够变现，但能够变现的内容一定是优质的。内容变现不同于单纯的内容创作活动，它更像是一项投资活动，需要内容创业者既能够生产出大众感兴趣的内容，又要具有超强的商业思维。同时，自身也要不断地充电，投入大量的时间、精力、资金，去学习、去思考、去总结，以拓展自己的能力。

2.2 内容产品变现难度解析

2.2.1 自媒体

在所有内容产品中，最容易上手的是自媒体，PC官网、自媒体号、公众号，App等。不少白手起家的草根内容创业者都是做自媒体。一些大咖"创业"也是从做自媒体开始的。

说到最简单的内容变现模式,无非就是自媒体了。目前几乎所有的内容平台都提供自媒体服务。可以说,做自媒体门槛已大大降低,通常只需要注册某个平台的账号,并准备一个特定的领域内容,然后只要持续稳定地与粉丝分享相关知识,就可以收取适当的报酬。

微信是一个典型的内容自媒体,尤其是微信公众号、视频号,都以内容深耕为显著特点。

> **案例2**
>
> 微信推出公众号以来便引发了一股内容创业热,造就了一大批依附于微信公众平台的内容创业者。据说,每100个微信用户中就有1个运营微信公众号。虽然没有具体的数据,但我们可以根据微信用户数进行推导。据权威数据显示,截至2021年3月微信(含WeChat)月活跃账户数为12.025亿,微信用户保守估算在10亿左右,而公众号用户在两年前就已经达到1000万。据此,每100个微信用户中至少有一人在运营公众号也是合理的。

在微信公众号上,以内容深耕为主的自媒体估值过千万、过亿的已有不少。例如,罗辑思维、熊猫自媒体联盟、12缸汽车、一条、餐企老板内参、十点读书等。这些优秀的人物加入微信后,开始运营自媒体,并拿到社会融资,逐步完成了从个人到企业、机构的成功转型。

自媒体内容变现的方式主要有3种,具体如图2-1所示。纵观那些做得比较好的自媒体,无不在以这3种方式运作。

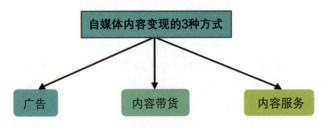

图2-1 自媒体内容变现的3种方式

(1)广告

对于自媒体而言,这是高效、简单的变现方式。内容创业自媒体在本质上依旧与传统媒体一样。之前可能是一群人在干,现在变成了一个人。之前是线下卖广告,现在变成了线上,之前只要发行量,将报纸杂志推销到目标受众的手中,现在不仅需要在线上找各种推销渠道还要注重和目标受众之间的互动。

（2）内容带货

最简单的就是直接卖产品。例如，罗辑思维卖书，吴晓波频道的"吴酒"。自媒体做电商是一条比较理想化的商业道路，同时也是最难的，如果没有专业化的知识技能、没有个性化的人格魅力就很难取得成功，它不仅要求你在行业内有一定的品牌影响力，同时也考验着后端整合供应链的能力。

（3）内容服务

相比软文、电商，很多自媒体看上了比较体面又能够长期带来盈利空间的服务。比如，新榜推出的品牌指数、影响力指数及各种分析报告等。服务讲究的是专业性和用户体验。随着垂直细分领域的自媒体增多，以社群服务为主的自媒体日渐兴旺。

不同于传统媒体纯粹产出信息，自媒体主要依靠广告盈利，内容创业则不只是内容产出，而是要构建自己的商业模式。虽然以前的自由撰稿人就是自媒体人的前身，但过去可能只赚稿费，而现在除了在内容形式上要创新，文字、图片、视频等要有各种花样，更重要的是要搭建起明确的商业体系。

广告固然是最容易的变现手段，但要想获得更长远的发展，则要探索其他盈利模式。创造的内容本身就已获得众多受众，再加上一定的品牌知名度，围绕内容来变现，就是一种盈利模式。

2.2.2 短视频

短视频是一种新型的内容产品，以提供时长1分钟之内的视频内容为主。纵观那些优质的短视频账号，都有高质量的内容产出，好的内容是获得大量传播、获得大量粉丝青睐的保证。

> **案例3**
>
> "人民日报"抖音短视频账号粉丝量已突破1亿，成为首个"破亿"的大号，截至2021年7月12日，推送2999条短视频，目标受众1.3亿人。图2-2所示为"人民日报"抖音短视频账号。
>
> 人民日报之所以获取如此多的目标受众，源于高质量的内容。以母报媒体的公信力为基础，以首屈一指的原创内容生产能力为加持，每条短视频都在算法推荐机制下产生强大的内容触达率，在条均播放量、点赞量、评论量和分享量指标表现中均居前列。
>
>
>
> 图2-2 媒体抖音号优秀案例——人民日报

案例4

"四川观察"也是一个以内容取胜的优质短视频账号，如图2-3所示。其采取了差异化的内容生产和传播策略，范围涵盖国内国际、时政新闻、社会民生、娱乐逸事等多个领域，通过"以数量换可见度"的方式，收获了大量粉丝的关注，累计播放量、分享量、评论量等数据指标表现均位居前列。

图2-3 媒体抖音号优秀案例——四川观察

人民日报、四川观察虽然内容定位不同，但都无一例外地在深耕内容。抖音作为重要的短视频App，已经成为传统媒体向新媒体转型的重要依托平台，持续、优质的内容带来了源源不断的活力。内容是做好短视频的核心，也是变现的前提和基础。随着移动端的普及、网络的提速，短平快的大流量传播内容逐渐获得各大平台、粉丝和资本的青睐。

视频行业逐渐涌现出一批优质UGC内容制作者，这也使得微博、秒拍、快手、今日头条等纷纷入局，募集优秀内容制作团队入驻。那么，如何做好短视频内容呢？可以从以下3个方面做起。

（1）做好内容规划，明确目标受众需求

内容规划是指在视频发布前，以目标受众需求为出发点和落脚点。搞清楚自己所做短视频的定位是什么，目标用户是谁？向目标受众传递什么信息？同类视频是如何制作的，优势是什么，不足在哪儿？

这些问题具体可归结为3个，即了解自身、了解用户、了解同行，如图2-4所示。

图2-4 短视频发布前应解决的3个问题

这3个问题是短视频内容运营者必须解决的，了解自己，了解用户需求，了解同行，才能制作出更适合粉丝需求的内容。定位越清晰、越精准，内容越容易被认可。明确了定位和价值，才能知道制作什么样的内容；知道了用户是谁，以及这一群体特征，

才能知道对方对什么样的内容感兴趣，最迫切需要的是什么；知道竞争对手是如何做的，以及优、缺点，才能取长补短，做出特色，做出新意。

（2）圈定内容范围，做内容细分

做内容细分，最基本的做法就是圈定内容范围，在内容本身上集中体现。即视频内容要时刻围绕着本行业、本企业的核心产品和业务展开。只要能把内容做细、做精、做出特色，高度垂直，让其成为行业典型、头牌，自然会被大众熟知，吸引更多用户的关注。

案例5

"十月呵护"是关注孕产妇健康的短视频账号，旨在生动讲解医学知识，轻松传递健康理念。其在多个平台开设短视频账号，账号下的视频都是展现孕育知识，内容高度垂直，目标受众以孕妈、宝妈为主。再加上幽默诙谐的语言，漫画风格的人物形象，吸引了一大批目标受众。图2-5是其在快手短视频上的视频截图。

图2-5 以孕育知识为主的"十月呵护"

（3）为内容贴标签，提高内容精准度

短视频类内容的分发机制非常强大，而分发的方法主要是为内容贴标签。很多人在创作短视频时会发现，当自己长期关注或推送某类内容时，系统会主动推荐相似的标签。现在很多短视频平台系统会根据创作者浏览或推送的内容，判断可能感兴趣的内容，然后再根据其兴趣推荐相应的标签。图2-6是抖音短视频为某位创作者推荐的内容标签。

贴上标签后可大大增加视频的曝光度，而且标签越贴近内容，匹配到的目标受众越精准。因此，视频内容创作者要善于为自己的内容贴标签。

一个视频一经发布会贴上很多标签。所谓标签，就是对所发内容进行界定，然后按照目标受众需求进行匹配，有利

图2-6 抖音系统为创作者提供的内容标签

于目标受众的搜索。例如，育儿、情感、情商、职场办公等。育儿标签可以是宝妈、作业、开学等；情感标签可以是恋爱、婚姻、男/女朋友等；情商标签可以是口才、职场、销售等；职场办公标签可以是PPT、Excel等。

2.2.3 直播带货

直播带货是一种以内容带动产品销售的营销模式，本质上是"内容+电商"，是对内容的全新组织形式，变现难度较大。变现路径与图文带货、视频带货一样，都是先有内容再有带货，通过主播与目标受众之间建立的密切关系，重塑"人、货、场"关系。直播带货变现路径如图2-7所示。

图2-7　直播带货变现路径

与图文、短视频等方式相比，直播又有了新的优势，实现了及时性、增加了互动性。及时性，用户可以边观看边与主播互动。互动性，主播、用户之间可弹幕互动。

换句话说，直播带货也是一个内容型产品，要想做好直播带货必须先把内容做起来，而不是盲目引流。

那么，如何强化直播带货的内容呢？可以从以下3个方面入手。

（1）选品

在直播带货前需要准备好的产品，其前提是会选品。选品不仅仅是对主播带货能力的考验，更决定着整场直播的走向。

直播带货核心是卖货，所以选择产品对直播非常重要。在具体选品时需要注意如图2-8所示的4点。

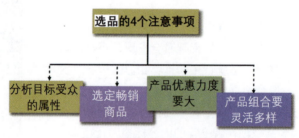

图2-8　选品的4个注意事项

1）分析目标受众的属性：对自己账号目标受众属性进行分析，结合目标受众数据寻找适合目标受众的产品。要想了解目标受众属性，通常用平台自身的数据分析功能，也可以借助第三方工具。总之，要全面了解目标受众画像、兴趣分布、活跃趋势及重合度等情况。

2）选定畅销商品：通过数据分析选定当前畅销的商品，查找畅销品我们也可以借助第三方工具。比如，在飞瓜快手的直播分析—直播商品排行榜中就可以看到按直播峰值、销量和销售额排序的商品排行榜，选择按销量排序时主播就可以知道快手平台直播销量最高的商品是什么了。

3）产品优惠力度要大：直播之所以能吸引大部分消费者，最主要的一个原因就是价格低，即使原价很高，但由于优惠力度大价格也往往是全网最低。因此，直播过程中需要穿插各种优惠活动。同时要注意产品的质量，价格低不等于质量不好。

4）产品组合要灵活多样：灵活多样的产品组合更有利于目标受众的选择，满足目标受众的多种需求。同时也可以为主播提供可靠、稳定、广泛的利润空间。

（2）脚本

做一场直播需要有开头有结尾，有人物有场景，有高潮有细节。那么，如何来对这些进行安排呢？就是通过脚本。脚本是直播内容文字化的一种书面文件，是直播开播前一个必做环节，是实现直播目标的有效保障。

在脚本的策划撰写上有4个关键点，如图2-9所示。

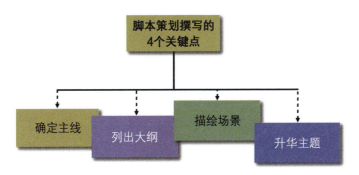

图2-9 脚本策划撰写的4个关键

1）确定主线：就是确认策划案的核心，即想要表达什么，按照哪种形式去表达。保证逐步说的每句话都能围绕一个主题，以加深目标受众对信息的印象。

2）列出大纲：是围绕主线对整个直播内容进行梗概性安排，包括内容情节、人物关系，以及需要多少人参与，在什么的场景中出现等。

3）描绘场景：打造富有吸引力的场景能让目标受众有代入感，引起与主播的共鸣。对于场景，需要用语言细致入微地描绘出来。

4）升华主题：即以突出直播中心思想，实现剧情反转，加深人物冲突，引导互动等方式，进一步强调直播内容的价值，从而引发目标受众的关注、点赞、转发等。

结合以上4个关键点，并且每一个关键点都要精打细磨，方能打造出爆款脚本，制作出爆款直播。

（3）话术

主播的话术是构成直播带货内容的主要部分，优秀的主播都有一套完美的话术。

> **案例6**
>
> 朱瓜瓜是随着直播带货的热度才被大众熟识的，她被称为"抖音一姐"，多次占据抖音榜单首位。例如，在完美日记专场直播中就曾创下了超3500万的销售业绩！据第三方数据统计显示，巅峰期的她，一月11场带货直播，合计销售额约1.06亿。
>
> 朱瓜瓜长相甜美、有亲和力，直播过程也激情澎湃，感染力强，但最重要的，还是她独特的直播话术、留人技巧，大大加长了用户的停留时长。
>
> 朱瓜瓜在直播过程中，十分注意语言技巧，开场会用亲民的话术拉近与粉丝之间的距离，比如念名字。"来，我们来看下，前10名进入直播间朋友们的名单已经出来了啊，第1个SEA，第二个DECEPIN……第9个好姑娘前途无量，第10个三娘家。这10个人将会得到奖品×××，免费包邮，稍后这10个人去找客服领。"
>
> 念出粉丝的名字能瞬间拉近与粉丝的距离，然后通过现场与粉丝的强互动，充分调动粉丝的情绪。例如，征求用户意见，引导用户评论反馈等。
>
> "咱们直接开始了，咱们今天带来的是×××，这个比较贵哈，我先给大家说一下。用过咱们家×××的宝宝们扣1；没有用过咱扣个0，好不好？（互动）关注微信公众账号×××，获取更多营销知识。"
>
> （上面话术并非本人原话，而是原话大意的整理版。）

一场完整、规范的话术包括5个部分，如图2-10所示。

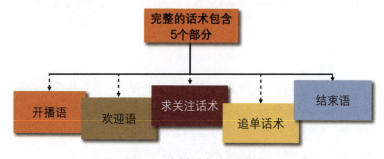

图2-10 直播话术的5个部分

1）开播语：又叫开场白，要求简短有力，一两句话既能表达清楚意思，又能吸引目标受众关注。比如，我是××，青春靓丽，吹拉弹唱样样强，还有一身正能量！感谢大家前来捧场！

2）欢迎语：即是对进入直播间的每个目标受众表示欢迎和感谢，欢迎语说得好能让目标受众感到亲切，提升目标受众对主播的好感。比如，欢迎××来到我的直播间，主播人美歌甜性格好，小伙伴们走过路过不要错过。

3）求关注话术：引导目标受众关注账号的话术，这类话术虽然不宜多说，但也不能不说。多出现在直播间歇或结束前。比如，新来的朋友不要着急走，人间自有真情在，点点红心都是爱，天若有情天亦老，来波关注好不好。

4）追单话术：直播话术的核心，毕竟很多主播做直播目的就是为了卖货。而想要将货更好地卖出去，必须运用大量的追单话术。比如，这次折扣仅限本次活动进行期间，错过了将不会再有这个价格！抓紧时间！

5）结束语：与开播语一样，结束语在直播中也很重要，主要用以对整场直播进行总结，对目标受众关注表达谢意，以及为下场直播预播。比如，主播马上就要下播了，陪伴是最长情的告白，你们的爱意我收到了，咱们下次再见。

目前，大多数短视频类平台都设有直播功能，在做短视频的同时也可以做直播带货，毕竟在同一个平台上，实现直播和短视频的互通还是很容易的。短视频为直播提供了一种新的流量分配模式，或者说提供了一种新的聚粉方法。在直播平台中，流量就是靠钱，而短视频内容由于是经过精心制作的，再加上主播发挥好，很容易拉来目标受众，为直播吸粉。

然而，需要注意的是，直播平台可以将短视频作为吸引流量的补充性措施，切不能太过依赖。做好直播带货，最关键的还是做好内容。尽管很多人在同步做短视频和直播，但两者属于不同的产品类型，所以运营技巧和方法也有所不同。

2.2.4 内容电商

内容电商是典型的内容型产品，是内容营销与电子商务充分结合的产物，是传统电商发展进化的一个见证，也是对传统电商的一种创新。

对于电商，大多数人比较熟悉，是指在互联网、内部网和增值网上进行线上交易活动和相关服务活动的一种交易方式。随着互联网技术的日益成熟，电商已经非常发达，覆盖各个领域，而且竞争很大。为规避激烈的竞争，有些电商开发出以内容为主的模式，再加上这几年的"内容热"，内容电商很快脱颖而出，成为电商创新最成功的模式。

那么，内容是如何对电商创新的呢？主要体现在两个方面：第一，重新定义消费者的决策行为；第二，重新定义供应链的选择。这两个方面都与内容有关，具体体现如图2-11所示。

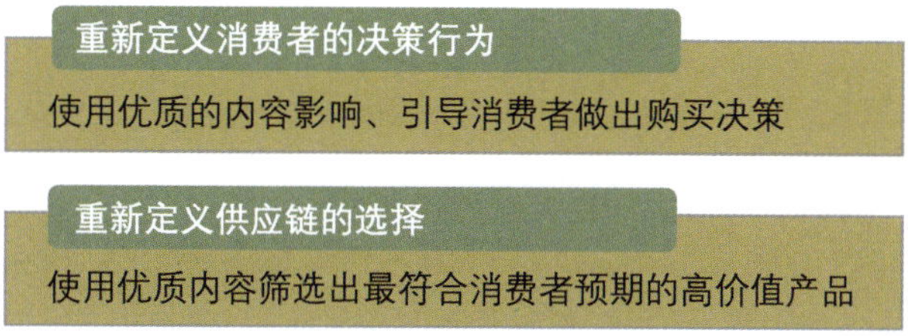

重新定义消费者的决策行为
使用优质的内容影响、引导消费者做出购买决策

重新定义供应链的选择
使用优质内容筛选出最符合消费者预期的高价值产品

图2-11 内容对电商创新的两个表现

内容变现： 从0到1打造高收益内容创收模式

在这样的背景下，各平台纷纷就势推出新一轮的流量策略，最典型的就是淘宝与B站的跨界合作。

案例7

淘宝与B站的跨界合作是基于内容电商以及B站自有IP的商业化运营，双方依托各自资源优势，在UP主内容电商以及B站自有IP商业化运营等方面开展广泛合作，更好地打造贯穿线上线下的内容、商品、用户的生态体系。

具体来说，双方将支持B站的签约UP主建立认证的淘宝达人账户，通过个性化推荐、内容运营等多种形式，推动内容传播与商业收益的互动。同时，在B站自有IP的商业化方面，双方将打通从前台业务场景到商品开发的商业化链路。B站周边企业店亮相淘宝造物节，将单纯的目标受众效应做成目标受众经济。

此外，淘宝也将为B站提供多方面的电商服务支持，以确保更加高效、便捷的用户体验。或者可以更加具象地表达为：B站内嵌一个购物车，或是淘宝新开辟B站频道。

淘宝与B站的相互借力是双赢。一方面，淘宝借助B站庞大的潜在消费潜力迎来新一轮的增长，成为国内二次元商业化的第一平台。双十二期间，淘宝二次元市场的增长达到惊人的90%，很多店铺成交过百万。另一方面，拥有大量活跃度目标受众的B站找到了商业化路径，同样是在双十二期间，单价4000元的洛丽塔风格裙子，仅用20分钟就被抢购一空。

淘宝与B站在内容经济领域的合作是平台资源的互通有无，还有些电商平台是打造特色内容，通过创造内容寻求自我突破。

无论是平台之间的合作，还是平台的内容化，都体现了内容电商的优势，如图2-12所示。内容电商有很强的购物煽动性和分享驱动力，通过将大规模的内容生产者、内容推广者（渠道）和内容消费者整合，赋能推广、消费、体验等多个环节。由此使内容信息产生价值，带来内容与流量的最终变现。

内容形式多样
图文、短视频、直播，样样是营销利器，满足企业的多重展现需求、消费者的多重购物需求

优质的内容呈现
能提升用户的关注度，强化用户黏性，解决平台获客难的痛点

群体性消费氛围
使得粉丝有极强的忠诚度，便于企业展开口碑宣传，树立品牌形象

图2-12　内容电商的3个优势

内容电商正在改变人们消费购物的习惯，也在引领着电商的未来发展方向。那么，对于内容创业者而言，应该如何进行内容电商创业，或者利用已转型成功的电商平台变现呢？

（1）打造个性化的内容标签

智能算法和推荐机制是内容电商的核心，通过用户行为和内容标签关联数据，例如历史浏览、点赞、播放、评论、收藏等，对用户喜好做出判定，从而进行精准的内容推荐。比如，一位爱看萌宠视频的用户，就会经常在首页刷到狗粮、宠物医院、宠物美容等相关内容。

> **案例8**
>
> 小红书会根据关注、浏览的偏好，判断用户身份。对于家庭主妇，会分享推荐家庭用品类产品；对于学生，会推荐新鲜潮流好物。根据每个用户的特性，实现不同的内容分发策略，基于大数据，为其创造一个富有吸引力的购买场景。
>
> 沉浸式的体验+贴合喜好的推荐会让用户产生一种"平台更懂我"的心理，降低硬广告带来的冲击感，使其自然而然地实现高转化。

（2）打造边看边买的购物体验

在内容电商体系中，只有内容是无法变现的，还需要配以完善的电商生态。这是缩短消费决策，提高流量转化的有效途径。换句话说，就是当用优质的内容吸引到目标受众后，如果无法令其立刻进行购物，那么，这些用户就无法转化为真正的用户，是无效目标受众。

所以在内容输出的基础上要建立完善的电商生态。比如，文章末、直播间、短视频或图文主页内，加入店铺链接、商品橱窗、客服咨询窗口、红包、优惠券等功能，或是直接跳转到商城，与团购、分销、秒杀等活动相衔接，在有效调动目标受众消费热情的同时，及时予以响应，打造边看边买的便捷购物体验。

2.2.5 社交平台

社交平台是人们彼此之间用来分享意见、见解、经验和观点的工具和平台。最具代表性的有博客、论坛、两微（微信、微博）一Q等。尤其是"两微"曾经掀起了一波淘金浪潮，产生了许多创业项目。

随着互联网发展趋势的变化，流量时代逐渐式微，取而代之的是内容时代。现如今都在谈内容为王，社交平台也是如此。较大的几个成熟平台都已实现了由流量型向内容型转变，以往获取信息主要靠搜索引擎，现在主要靠人与人的对话、沟通与互动。以往重娱乐，现在重内容。

案例9

2018年年底，微博提出"潮汐计划"，拟在两年内提供20亿现金，聚焦内容电商、内容IP、MCN、网红、艺人以及经纪公司。打造年轻人喜爱的新IP及基于内容的新消费品牌，进一步巩固其内容生态。

同时，微博也在加紧于社交垂直领域的赋能，通过多种账号角色构成生态链，而非单纯分发流量或是补贴机制。实现在电商和内容付费上有更多成长，这样的思路与B站圈定二次元群体的做法不谋而合。

（1）微博

微博是一种基于社交关系的信息传播与分享平台，用有限的文字、图片和视频等，实现内容的即时发布和共享。微博具有及时性、交互性强的特点，一篇好的微博文可以吸引消费者，提高品牌知名度。

案例10

华为官方微博于2021年7月20日发布了一款显示器宣传文案，该文虽然篇幅很短，但语言生动形象，浅显易懂，精准地描绘出产品的特点和优势，如图2-13所示。

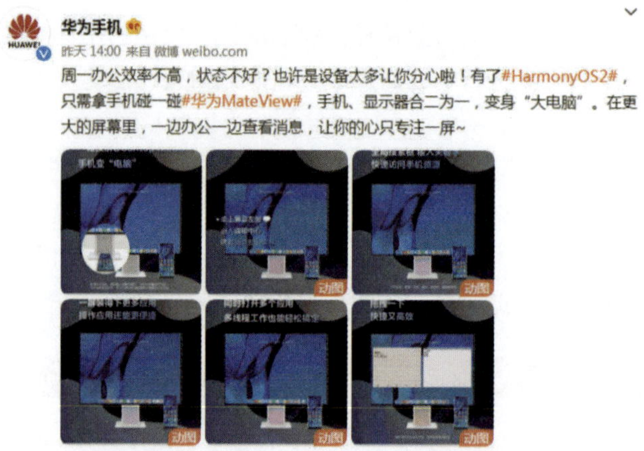

图2-13 华为MateView微博宣传文案

微博虽然是一个社交性的平台，但却以内容擅长，俨然成了一种社会化媒体。微博文的创作也是十分讲究技巧的，在具体写作时需要注意以下3点。

1）注意文章篇幅，严格控制字数

微博文要符合快餐式阅读需求，让目标受众在短时间内获取所需信息。微博对字数是有明确要求的，最多140字，一般来讲100～120字最佳，用文字表达不清楚的，可以辅以图片和视频。

2）主题明确，信息高度精准

微博文在要求篇幅短小精悍时，内容还要力求精准。无论是什么内容，字数多少，主题一定要明确，这需要在写作时应对目标群体、写作目的明确定位。同时，也要注意用词，力求精准描述，不夸大不虚构，更不能歪曲事实。

3）熟练把握消费者心理，利于分享和传播

微博发布后会在极短的时间内引起众多用户共鸣，进而纷纷转载，达到快速传播的目的。当然，这是有条件的，需要写作者所写文案能把握目标受众的心理。

（2）微信

微信是以多个功能板块的内容输出为基础，用简洁的文字，有趣的图片、视频等形成内容，引导用户阅读，以加深对品牌或产品的印象。微信在布局上主要有朋友圈、公众号和视频号等3个，其中朋友圈、公众号以图文内容为主，视频号以短视频为主。

1）朋友圈

朋友圈内容包括两类，一类是个人发的，一类是系统发的。个人广告一般由微信用户自己发的，类似于动态信息，如图2-14所示；系统广告是由腾讯公司的效果广告系统发出的，如图2-15所示。这是一个效果广告营销平台，依托于腾讯海量优质流量资源，给广告主提供跨平台、跨终端的网络推广方案，并利用腾讯大数据处理算法实现成本可控、效果客观、智能投放的互联网效果广告平台。

图2-14　个人发布的微信文案　　图2-15　腾讯公司广告系统发布的微信文案

2）公众号

微信公众号是微信内容板块的主要形式，它包括订阅号、服务号，以订阅号居多。首先，公众号文案所写语言可以尽量口语化，且不要使用过多的专业术语，如果文字太多，需要使用逗号或顿号隔开。其次，段落不能太长，保持每段5～7行最佳，且段落长短要有变化，不能让消费者感到乏味。

> **案例11**
>
> 时尚家居是《时尚家居》杂志社官方微信公众号，其发布的文章都是围绕家具行文的。语言平实而不失有趣，简洁而不失丰富，通俗易懂。图2-16所示为部分文案的截图。
>
>
>
> 图2-16 "时尚家居"微信公众号平实而不失有趣的文案
>
> 这些文案语言直白得就像白开水，但给目标受众传递的信息却十分丰富，让目标受众一看便知道下文的主要内容。这样优秀的内容，怎么能不吸引人阅读呢？

3）视频号

微信视频号是腾讯于2020年1月21日开启内测的一个短内容平台。利用这个平台，用户可以记录生活，进行短视频、图片等内容创作，也可以关注、浏览不同账号发布的短视频、图片等，以获取外界的信息。

以往，朋友圈、公众号等都是基于熟人社交进行推荐的。比如，在公众号上发布一篇文章，只有关注过的人才能看到，而想要得到更大范围的传播，就得主动分享到其他平台。总之，必须一步步地来，经过一传十，十传百这么一个过程。这个过程十分漫长，内容的传播往往会受到极大的抑制。

而视频号就不一样了，它结合朋友圈、公众号以及算法推荐进行传播，可以扩散到更大的范围。换句话说，只要内容足够优质，就有机会获得爆炸性传播，获得更多人关注。

第 3 章

内容生产：搭建内容的"粮草库"

内容变现是一个从生产到消费的过程，要想最终实现好消费，就必须做好源头环节内容的生产。内容生产是指通过搜集内容素材，制定内容质量评判标准，挖掘优质用户等方式为内容生产者提供激励，从而为产品生产出持续的高质量内容。

内容变现：从0到1打造高收益内容创收模式

3.1 好素材是产出好内容的基础

对内容创业者来说，创作优质的内容是建立在素材的不断积累之上的，需要平时多看、多搜集，并在此基础上多思考、多总结，所谓厚积而薄发就是这个意思。因此，素材的收集十分重要，欲创作出好的内容，每个内容创业者都需要先建立自己的"素材库"，积累丰富的写作素材。

好素材是产出好内容的基础，有了素材，内容创作起来就会高效得多。

> **案例1**
>
> 以短视频电商为例，假如想写出一个与产品有关的文案，可以这样组合：
> 与年龄组合：30岁的女人如何化妆？
> 与费用组合：200元能买哪些化妆品？
> 与地区组合：南方地区姑娘与北方地区姑娘化妆的不同。
> 再以健康类视频为例：可以写大家日常生活中比较关心的话题，也可以提出一些新的概念。比如，死亡是人类最好的发明，死亡是一种发明，这种概念很新、很有趣。也可以具体到某个问题，尤其是大众易忽视、最关心的问题。比如，怎样熬夜对身体的损害最低。

从上面案例可以看出，建立"素材库"非常有利于内容创作，是持续高效输出的基本保证。长期积累有利于丰富词汇，拓展创作思路，提升创作者的写作效率，从而写出与众不同的内容。

然而，积累并不等于内容堆积，科学化地利用才是关键。下面介绍一下关于素材收集与整理的小技巧，如图3-1所示。

图3-1　收集素材的6个技巧

（1）明确创作方向

在搜集某些素材时，一定要确定内容创作的方向，根据自己的需求和创作目的来进行。

（2）坚持有用原则

素材收集有一个最基本的原则，即要坚持有用、易用的原则。这样，才能够让收集的资料对写作有真正的帮助，也只有这样，才能够高效地处理收集的内容。

（3）具有长期收藏价值

一个素材是否有收藏价值，除了看其是否有用、易用，还要看其是否具备长期收藏的价值，是否在很多情境下都能够给予自己帮助或灵感启示。如果某素材只适合偶尔的一次创作，虽有用但不适合长期收藏，也应该摒弃。

（4）养成定期整理的习惯

对于素材还要进行定期整理，如果不定期整理，必然在需要时很难找到合适的。只有定期地整理与归类，做好资料库梳理，才能更科学、规范，以降低使用成本。

（5）不断更新归类方式

不同的时间和阶段，收藏的素材是不同的。因此，在归类方式上也要随着时间的改变而不断地更新，这样才能够方便自己日后的资料查找。

（6）记忆并充分理解素材

无论搜集多少资料，如果无法将这些资料尽可能地装进脑袋，也是徒劳的。当搜集到一定数量的素材后，最好去记忆，并充分理解，融会贯通，把别人的素材变成自己的东西。

好素材的3个评判标准

3.2.1　需求性：抓住平台和目标受众的需求

很多人认为，自己写的内容质量上乘，是文中精品，可为什么得不到平台推荐，没有目标受众喜欢呢？主要原因就是不符合主流需求。

所谓主流需求，就是平台需求、目标受众需求。因此，在正式发布内容之前需要了解平台属性以及潜在的目标群体，明确平台对内容的规定，对什么样的内容倾向于流量支持；平台上的用户特点，他们喜欢读什么内容。平台、目标受众喜欢什么，就创作什么内容，创作能力其次，但必须抓住主流需求。

由此可见，具有变现能力的内容，创作者不能只考虑自身感受，还得把握平台和目标受众的需求。

（1）符合平台属性

现如今，自媒体文章或视频的传播都依赖于特定的平台，而不同的平台都有自身特定需求，绝大部分内容，要想实现变现都必须符合平台需求。

接下来，以知乎、微信公众号为例进行分析。

案例2

知乎内容都是硬核内容，以知识型、专业性著称，聚集了一大批高端创作者，而且已经自成一体，知乎体独霸一方。微信公众号作为一个依附于微信的自媒体平台，虽然起步晚，但得益于众多的微信用户，在内容创作上发展得也很快。

两者都属于内容型平台，都在创造内容，但由于平台属性不同，内容定位也不同。

知乎是知识问答社区，如图3-2所示。微信公众号是自媒体平台，如图3-3所示。知乎生产内容大多都是知识型，以普及知识或回答疑问为主。微信公众号内容形式多样，通过文字、图片、音频、视频等形式，向大众分享不局限于知识的文章。这种平台属性导致的结果就是用户群体不同，需要注意的是这里所说的用户群体是指内容生产者。

知乎上只要注册了账号，人人都能成为内容的生产者，你可以生产专业干货、生活常识、社会经验或民间趣事，每个人都能很快找到自己感兴趣的、擅长的领域，吸引了很多高学历和高收入人群，同时也包括下沉用户。

微信公众号的内容生产主体，大多都是企业或者有意向从事自媒体行业的个人或团队组织，职业性较强，社会群体身份比较特定和集中，所以创作的内容垂直度也比较高。电商平台发布的都是产品信息，例如旅游企业发布的可能都与旅游相关。

图3-2 知乎——知识问答社区 图3-3 微信公众号——自媒体平台

（2）抓住目标受众痛点

无论是写文章还是拍摄视频，都需要提前确定目标人群，明确内容定位，所写文章或所拍视频也都是围绕这部分人进行的。因此在搜集素材时，首先要抓住这部分人的痛点，选择他们最关心的问题，急需解决的问题。然后提出解决这些问题的方法，这样的内容就很容易吸引目标受众。

> **案例3**
>
> 在抓目标受众痛点上，抖音做得比较好，这是因为平台对目标受众的定位比较精细。抖音是一个面向年轻人的音乐类短视频平台，它的定位决定了用户大多集中在18～35岁这一年龄段。据2019年11月到2020年1月间的一项统计数据显示，抖音用户中24岁以下的占总人数的27.91%，25～30岁的占比28.80%，31～35岁的占比26.3%，36～40岁的占比12.24%，40岁以上的占比4.75%。
>
> 这一年龄段的人群恰恰又是消费力最旺盛的。因此，当选择利用抖音做内容时，就要将这部分人群当作核心群体，分析研究这部分人的痛点需求。

3.2.2 时效性：多关注新近发生的

优质的内容既能体现平台和目标受众需求，又包含有新意的题材。那么，什么题材才算是有新意呢？最主要的一个判断标准就是时效性，创作者要想创作出时效性强的内容，就必须多搜集新近发生的重大、热点事件和现象。

（1）借势社会热点

借助社会热点事件制造话题，是一种事件营销，借势营销在传统的营销中比比皆是。同样，它也可以用于抖音，属于一种借"题"发挥的做法。在全民参与的互联网时代，社会热点总是层出不穷，借助社会热点制作视频，更容易取得目标受众的共鸣。

> **案例4**
>
> 2018年5月18日，中国国家博物馆与七家地方博物馆，联合抖音一起推出的"第一届文物戏精大会"，如图3-4所示，各大博物馆的文物集体唱歌跳舞的视频火爆全网。
>
> 同时，七家地方博物馆也用自己的抖音账号发布了#嗯~奇妙博物馆#的挑战视频，最终有超过5万人参与挑战，各个博物馆的账号也因此大幅涨粉。

图3-4 奇妙博物馆抖音短视频营销

寻找社会热点事件的途径有很多，判断一个事件是否可用，也不能只看其关注度有多高，关键还要看是否适合自己，尽量以自身所售产品或服务的实际情况为出发点。这需要在具体运用中善于学习和总结，结合多种渠道去搜集、整合材料，尤其是那些能够准确表达出自己独特观点、思想和情感题材的事件。

（2）做生活的有心人

创作的灵感来源于生活，只要做个生活中的有心人，好点子就会源源不断地涌现出来。

例如，各种各样的新闻事件，哪些是令你潸然泪下的，哪些是令你火冒三丈的……这些都可以成为创作的素材。关键是你一定要有态度，知道什么是值得写的。

随着自媒体的发展，个体的力量得到扩大，这是很好的时代，人人都可以最大限度地发表意见，提出看法，如果声音足够大的话还可以成为体系。

作者雷斯林曾在文章里提到，自己喜欢写有意义的东西，比起称颂，他更擅长写反对。

雷斯林还说，这种感觉就好像："如果外面下着雨，大家都在说下雨，那你绝不会为了'下雨了'而专门写点什么。但如果外面明明下着雨，所有人却都在说'太阳真大真温暖啊'，你才需要写点什么。"

2016年雷斯林写的关于杨永信的文章，引起了社会对这个事件的关注，其中北京卫视、中央电视台以及最高人民检察院主管的正义网，都对其进行了报道。

后来他又采访了不少从戒网瘾学校出来的学员，但是在官媒记者的建议下，他没有再出面，而是转由官方继续探究戒网瘾中心事件。

一年之后，国家起草了一项保护未成年人的新法规，法规送审稿里写着："任何组织和个人不得通过虐待、胁迫等非法手段从事预防和干预未成年人沉迷网络的活动……"

这等于明确了戒网瘾学校的非法性。雷斯林说："我不敢说这是我的功劳，但即使只做了微小的贡献，我也很骄傲。"在一开始不知道写什么的时候，就要不停地问自己：我对这个世界有什么意见？我有什么话想对这个世界讲？

做一个有态度的人，再小的个体也可以迸发出巨大的力量。

3.2.3　价值性：提供干货，避免假大空

喜欢浏览某个大咖的微博、微信公众号，或某个知名论坛，以及形形色色的朋友圈，一定是被上面的文字所吸引。认为对方写的就是我们所需要的，是有价值的。

同样，任何形式的内容只要能够持续为用户提供有价值的信息，自然就会受欢迎。在目标受众看来，只有能从中获得某种利益才肯去阅读及关注。尽管高质量的内容不提倡直接向目标受众推销产品，但起码要让目标受众通过阅读认识到产品的价值，及其能带来的利益。如一些理财公司的软文，即使只提供一些省钱建议，也会有很多目标

受众点击、查看、转载。

因此,内容的撰写必须本着"利益当先"原则,瞄准目标受众"利益",把写作重心放在目标受众"最关切"的问题上,处处站在目标受众立场上看待问题,时刻为目标受众着想。

> **案例5**
>
> 某时尚消费品牌在自己的微信公众号上曾经发布过一篇文章,是介绍某款玫瑰水的,采用的就是直述实际利益的写法。部分内容如下:
>
> "能补水保湿,更新活化细胞,修复肌肤,建立肌肤自然完美平衡,直接渗透到肌肤深层,打开肌肤毛孔,也为导入接下来的护肤产品做好准备。"

在"利益当先"原则下,撰写内容时必须明确一点,就是要让目标受众通过内容获得明确的利益,越具体越好。

3.3 内容素材搜集的途径

3.3.1 内容重组、编辑和整合

内容重组、编辑和整合是内容来源的主要渠道,按照难易程度可以分为3类,并且由不同的运营人员负责完成。

第一类最简单,仅限于做些复制、粘贴等简单运营的工作,这类内容多适用于网络社区、门户类网站,通常由CV工程师完成;第二类是能够根据用户需求挖掘、提炼相对应的内容,并对内容进行深度加工,这类内容多适用于新媒体,我们通常所说的内容运营人员就是此类,为运营的主体;第三类是根据素材,提炼出独特观点,并能赋予独特创意的内容,这类内容通常由高级策划担任,不但文笔好,更重要的是拥有足够的创新能力,这类运营人员可以说不多,大多为一些职业自媒体人,如吴晓波频道、一条等自媒体账号。

第一类运营人员目前已经越来越少,基本被机器取代。需求最大的是第二类,这是基于自媒体发展而产生的新型运营人员,需求量最大。我们在本书中所说的内容运营人员多指第二类运营人员。

第二类运营人员的主要职责就是对内容进行运营和整合,具体包括4个层面的工作,如图3-5所示。

A 内容定位与分析　　B 内容的二次加工
C 内容的推送　　　　D 内容的推送效果

图3-5 负责内容运营人员的职责

内容变现：从0到1打造高收益内容创收模式

（1）内容定位与分析

内容定位是指根据目标用户需求对内容进行筛选；内容分析是指在内容筛选的基础上再进行优化。例如，一款为女性白领提供境外购物资讯服务的App，内容运营可以定位为个人护理方向，向其提供相关的产品资讯；一款为中学生提供课程答疑的工具型产品，可以包含语文、数学、英语……

不过，在内容筛选上是有原则的，无论是摘抄内容还是用户原创(UGC)内容，必须符合以下6个原则，如图3-6所示。

图3-6　内容定位与甄选原则

（2）内容的二次加工

一个优秀的内容创业人员除了要具备资料搜集和鉴别能力之外，还必须具有二次加工能力。内容的二次加工包括将搜集的资料形成自己的观点并进行论证，使其有理有据，折服人心；对文章结构、标题等进行优化，让文章结构安排更合理，主题更明确；撰写，并为所撰写的内容配图、提升阅读体验。内容的撰写完全是对硬实力的考验，是一个合格内容创业者必须具备的能力，没有什么捷径和技巧。

在这里重点介绍一下内容的标题，如果说内容运营有技巧性，那么标题是唯一有技巧可讲的地方。很多人也许还不明白，为什么要在"标题"上花费如此多的工夫，岂不成了标题党？其实不然，标题也属于内容的一部分，好的标题不是为了哗众取宠，而是帮助读者阅读。尤其是微博、微信等新媒体文章，由于公众号文章是折叠式排列的，目标受众首先看到的就是标题，只有点击标题才能看到正文。如果标题没有足够的吸引力，目标受众肯定不会继续点击去看更多的正文。

因此，做内容运营，尤其是新媒体内容，标题非常关键，直接关系着点击率。我们不提倡做标题党，但至少能吸引目标受众的注意力、激发目标受众的好奇心。

（3）内容的推送

内容不但要高质量地写出来，还要及时、有效地推送出去，只有这样，才能让目标受众阅读、转发，实现依靠内容带动产品增值和销售的目的。

内容的推送，关键是把握好推送时机。到底该在什么时间推送，其实也没有严格的标准。平台不同、阅读群体不同，发布的时间也应该有所差别，而且还要善于根据实际情况的变化而适当变动，如节假日、重大事件发生时等，发布时间必须有所调整。

通过对各平台所发文章时间的分析、总结，发现高峰期大都集中在3个时间段：22:00—23:00是第一个高峰期；8:00—9:00是第二个阅读高峰期；11:00—12:00是第三个高峰期。

（4）内容的推送效果

内容推送后，用户对该内容会有一系列反馈，这时运营人员需要对这些反馈进行分析。分析的维度包括浏览数量、UV、互动量、点赞量、评论量、热区点击量等，这些数据是衡量内容运营有效性的主要指标。

不过，分析只是手段，提升内容运营效率才是目的，通过数据分析对内容进行更新和结构调整，重新梳理出需要重点投入精力的运营方向，或者说去掉不必要的运营。例如，做贴吧互动性的内容，通过对发出文章阅读量、点赞量的数据分析，可以看出用户热衷的文章类型。

例如，用户对娱乐类文章阅读最多，以及对生活技巧类、科学历史类文章点赞量都不低。据此，就可以多增加些八卦、段子、生活技巧类、科学历史类等内容的供给。再如，从评论区中得知有用户对尚未涉及的文章有所期待，那么就可以补充新的内容。

3.3.2 内容生产的三种方式

内容生产因主体的不同大致分为三种方式，即UGC、PGC、OGC。

UGC，是User-generated Content的缩写，中文意思是"用户生产内容"。即用户将自己的内容通过互联网平台，提供给其他用户的一种模式。论坛、博客、微博、知乎等都是用的这种模式。

PGC，是Professionally-generated Content的缩写，中文意思是"专业生产内容"，或"专家生产内容"；这种模式常见于一些专业的视频网站，分类更专业，内容质量也更有保证。

OGC，是Occupationally-generated Content的缩写，中文意思是"职业生产内容"，是指具有一定知识和专业背景的行业人士生产的内容。这种模式与PGC类似，不同的是其以领取相应报酬为前提。

具体如图3-7所示。

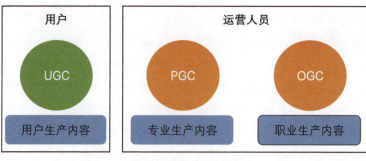

图3-7 新媒体内容生产的3种方式

与UGC不同，PGC、OGC是专业的运营人员生产的内容，如，某领域的专业人士、平台意见领袖、政务微博、记者和编辑，以及靠写稿为生的有专业资质的职业人士。

UGC、PGC、OGC三者之间既有联系，也有区别。三者之间的联系具体如图3-8所示。

图3-8 UGC、PGC、OGC三者之间的联系

另外，UGC、PGC、OGC三者也是有区别的，PGC、OGC与UGC通常是以有无专业的学识、资质，在内容的领域是否具有一定的知识背景和工作资历为判断标准，前两者有，后者无。PGC、OGC的区别相对容易，以是否领取相应报酬作为分界，PGC往往是出于"爱好"，义务贡献内容输出；而OGC是以职业为前提，其创作动机很大程度上属于职业行为，具有一定的营利性，具体区别如图3-9所示。

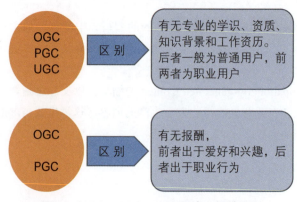

图3-9 UGC、PGC、OGC三者之间的区别

新媒体作为互联网时代的主流趋势，融合并深化了UGC向PGC、OGC发展，三者的界限进一步模糊。既降低了成本，又能增加用户黏性，可谓一举两得。

从UGC到PGC、OGC，再到三者的融合，可以说是新媒体在内容输出上的一个革新，代表着从早期的粗制滥造，到中期的巨资引入，到现在已经进入的生态产业链一体化的精品战略。PGC有助于实现新媒体内容差异化的竞争，走出内容版权纠纷的泥沼。

3.4 内容素材搜集的常用工具

3.4.1 找素材的工具

内容创业最基本的要求是持续输出内容，而持续输出是一个不断"掏空自己"的过程。即使再博学的人，连续输出一个月后，也会感觉自己被掏空。如果不再获取新的知识，就会面临着不知道写什么的窘境。

做新媒体内容最让人头疼的就是素材问题。必须紧跟时下热点，从各方源源不断地获取素材、好点子。很多人认为搜集这些素材非常困难，但其实缺的不是素材，而是方法。只要找对方法，一切问题都可以迎刃而解。

最简单、最高效的方法就是正确利用工具，以下是常用的5种素材搜索工具。

（1）百度热搜排行榜

该榜是百度在研究、分析数亿网民的每日搜索行为数据基础上，建起的权威、全面的关键词排行榜，如图3-10所示。还可以按照动漫、综艺、小说、电影、电视剧、游戏、汽车等多个领域的热搜数据进行有针对性的搜索。

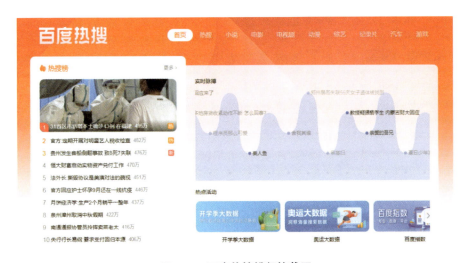

图3-10　百度热搜排行榜截图

（2）新榜

新榜是一个优质的内容产业服务平台，以提供微信公众号内容数据评估与分析为主，实时发布微信公众号影响力排行榜。想知道微信公众号最热门文章，就可以参考新榜。当然，新榜的功能不仅仅于此，还包含视频号、抖音号、小红书、快手号、微博、今日头条、知乎等平台文章的数据，如图3-11所示。

图3-11　新榜：内容产业服务平台

（3）头条指数

头条指数基于今日头条大数据分析，反映用户在智能分发下的阅读及互动行为。通过数据挖掘和数据分析，捕捉即时热点，预测未来热点，为内容创业者提供热点事件的数据分析。

（4）网易新闻排行榜

这个或许大部分人都没注意到。网易新闻排行榜涵盖各个行业的热点新闻，找不到话题写的话就去这里看相关行业，或许会有收获；类似的还有新浪新闻排行榜、知乎热榜、36氪24小时热榜、豆瓣小组等。

（5）搜狗微信搜索

专门针对微信内部文章而言，可以查询热门订阅号及文章，一搜即达，是找好文、找热点的必备工具。可以直接搜索文章和公众号，也可以在下面看到实时热点，十分方便。

3.4.2　看热点工具

内容创业者作为信息的输送者，只等着接收现成信息是不行的。要主动解析热点，剖出一个新颖独到的传播点，才能借热点之势，走到优质内容生产的上坡。

"追热点"可谓是新媒体人的家常便饭，不管是借噱头营销，还是针对热点制作精良内容，热点的传播价值都是不言而喻的。工欲善其事，必先利其器，要追踪热点，还需要借助工具，如图3-12所示是最常用的3大类热点分析工具。

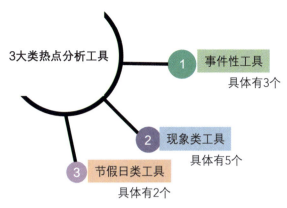

图3-12 常用的3大类热点分析工具

（1）事件性工具

事件性工具即用来追踪热点事件的工具，在追热点时，热点事件是最容易捕捉的，也是最有价值的。这类工具有3个，如图3-13所示。

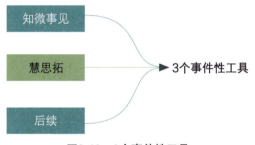

图3-13 3个事件性工具

1）知微事见

知微事见是一个热点事件分析工具，除了可以自行搜索热点事件外，还提供"事件库"，展示最近的热点事件。值得注意的是，只有短期内有高传播量或长期保持传播量的事件才会被收录进知微事见。

对于热点事件，知微事见会给出"事件影响力指数"，这一指数评估的是该热点事件在社交媒体及网络媒体的影响力。

只要点开具体热点，就可以获知该事件概述、在舆论场中的排名、事件热度变化、媒体参与情况、传播渠道、重要舆论观点、人群画像等详细信息。

2）慧思拓

慧思拓提供更为精细的搜索功能，用户可以依据"手机新闻""报纸新闻""公告"等分类进行搜索，也可以选择精确、模糊、全文、标题等查询标签。该工具还为热点匹配相关热门话题、热词、区域、各终端的热度变化趋势图等信息，这些标签又可以作为新的筛选条件。

与众不同的是，慧思拓的搜索范围可以在24小时至最近半年内选择，用户也可以自定义搜索的时间范围。

3）后续

后续是一款纯新闻应用，它持续追踪某一热点，可以完整展现事件的发展过程。该工具收录的热点大致分为往日热点和最新热点。依照时间线对热点新闻进行梳理，同时配发各种权威信息源。这款工具与前两种工具互补。

（2）现象类工具

热点现象不同于热点事件，它通常不是指特定的事件，而是指系列类似的事件外延出来的一种现象。事件不可能时时更新，但现象可以，不同的热点现象价值大小也不同，人们在不同的现象上投放的注意力不等量。内容创业者更应当关注的是哪个热点现象最吸引人，哪个热点最新鲜。

现象类工具就相当于一份热点榜单，对舆情进行实时监控，提供了热点排序功能，告诉大众哪个热点最值得追。

现象类工具有5个，如图3-14所示。

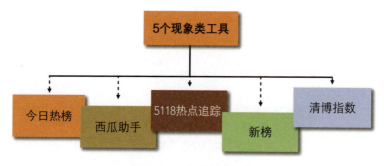

图3-14　5个现象类工具

1）今日热榜

今日热榜是一个分类榜单工具，提供各站的精细榜单及具体数据，如微信、今日头条、百度、知乎、V2EX、微博等。

设置"科技""娱乐""社区"等选项，用户可以查看某一平台的具体榜单。这些热点附有链接，可在网页内直接查看。

细分站点的热点大多是24小时内的，比较特殊的是该工具允许用户设置自己的订阅内容。

2）西瓜助手

西瓜助手为微信公众平台、抖音、小红书、快手等提供数据服务，在公众号方面提供公众号排行、小程序排行、原文应用排行等，这些选项下还设置了细分领域排行。

用户可以选择日、周、月三种周期；"往期榜单"会链接到西瓜数据出品的相关公众号文章。用户点开某一公众号后，可以查看近期文章、预估粉丝数、阅读量等信息。而小程序的详情则需要会员身份。

3）5118热点追踪

5118主打关键词排名，提供行业词库、查排名词、挖词等服务，还提供"金融""新闻""金融财经"等精细分类。针对热门关键词，给出相关关注点的变化与发展，可精确至几分钟内。

5118的"挖词"功能也深受媒体人青睐，用户可以搜关键词、移动端流量词，还可以批量搜长尾词。每一个词会匹配相应的百度收录量、长尾词数量、百度指数、移动指数等指标。

4）新榜

新榜已为大部分媒体人所熟知，这是一个行内认可度较高的榜单工具。它向众多500强企业和政府机构提供相关的数据业务服务。

新榜不只是一个榜单工具，"新榜认证""分钟级监测"得到广泛认可，"新榜500强"更是极具说服力的招牌。

新榜提供的功能大致可以分为免费和付费两类。

① 免费功能

免费功能主要就是提供各平台（如微信、微博、抖音、PGC视频）、各分类（如民生、百科、美食）的榜单，还可以查看单个公众号的数据（如公众号的七天热门文章）。此外，该工具还有显示趋势的功能，用户输入关键词可以查看相关趋势。它还提供"号内搜"，方便精细查找。

就周期来说，新榜提供日榜、周榜、月榜。用户还可以收藏自己关注的公众号。

② 付费功能

付费功能主要涵盖数据服务、运营增长、内容营销、版权分发等方面。数据服务中包括"公众号回采"（用于查看历史数据）、"分钟级监测"、"粉丝对比"等功能；运营增长中则包括"公号涨粉""有容小程序"等功能。

5）清博指数

对于微博，清博指数提供日榜和周榜，同时用户还可以选择日期查看当日榜单；对于微信，除了可以查看某个公众号近7天的阅读趋势，还可以查看30天内最火热的10篇文章。

除微博、微信外，清博指数还提供梨视频、B站、QQ、西瓜视频等榜单，以及舆情报告、数据报告、热点订阅等服务，功能虽不如新榜齐全，但可以作为新榜的辅助工具。另外，清博指数提供的"活跃粉丝预估""分钟检测"等功能都是需要付费的。

（3）节假日类工具

除了突发性热点外，每年还有一些固定的节日、节点，这些节假日极有可能成为热点。几乎所有的媒体人都会根据重要节日、节点提前做准备，这时候营销查询工具就能帮上忙了。常用的节假日查询工具有如下两个。

1）爱微帮

爱微帮是一个以时间为基准进行热点查询的工具，功能十分强大，有每日热点、微博热议、百度热搜等数据，如图3-15所示。

图3-15　爱微帮热点

爱微帮提供6、12、24小时的查看周期，同时可以对比上一年今日的相关热点，可以说十分贴心了。此外，该工具对热点进行归类，用户可以精准查看垂直领域的内容。点开热点标签，会出现十分全面的新闻链接，新闻来源于新华社、人民网等众多媒体。最特别的是，该工具根据用户的搜索，匹配相关热文，有利于媒体人打开选题思路。

2）365热点日历

365热点内置"热点日历""历史今天""新闻素材"等标签选项，如图3-16所示，用户可以定制个性化日历。

图3-16　365热点日历

365热点日历支持"月""周"两种周期，点击节点会自动链接到百度的相关网页。其最特别的一点在于"搜索"选项，通过输入相关事件的关键词就可以跳转至百度页面，查看相关信息。需要注意的是该工具暂时无法识别简称，用户需要打出全称"复仇者联盟"（而不是"复联"）才能搜到相关内容。

3.4.3 数据分析工具

在热点素材的搜集上，最可靠的还是靠数据说话，通过数据分析工具的帮助，对热点事件和现象相关数据进行分析，得出结果。当前，很多有影响力的平台都建立了内部的搜索、阅读数据分析系统。比较有代表性的就是百度指数、头条指数，常用的有6个，如图3-17所示。

图3-17　常用的6个数据分析工具

（1）百度指数

百度指数以网民的百度检索行为数据为基础，提供最新动态、行业排名等信息。

最新动态里包括专题、公告、热点、行业等分类，对相关事件进行数据上的多维分析。如"2021百度两会指数报告"一文中，就分析了"2021年咨询指数热点话题TOP10"等数据。

此外，还可以输入关键词进行查询，用户可以获知相关人群画像、需求图谱、资讯指数等数据图，也可以添加其他关键词，对比数据走向。

（2）头条指数

头条指数立足于"今日头条"的用户数据挖掘，本质上展现的是算法推荐机制下用户的行为踪迹。因此，即使是没有入驻"今日头条"的媒体，也有必要了解头条指数，借此可以更好地把握用户的阅读偏好。

头条指数提供关键词搜索、精选报道、数据报告等服务。针对关键词，提供热度趋势图、事件关联热词和热文、用户画像和兴趣等指标；此外，用户还可以选定时间和地域范围。

（3）谷歌趋势

谷歌趋势也立足于平台自身的用户检索数据，它与百度指数的不同之处在于，谷歌的应用范围更广，因此数据覆盖面也更完整。

谷歌趋势提供"搜索""热搜字词""年度热搜榜"等服务，用户还可以选择国家。针对关键词搜索，谷歌提供热度变化趋势、热度分布区域、相关主题和相关查询。

针对不同国家提供不同的年度热搜榜，热搜字词提供每日热搜和实时热搜。

（4）艾瑞数据

艾瑞数据覆盖的数据范围更广，有移动App指数、PC Web指数、网络影视指数等7个一级分类，一级分类下又设置细分领域，如PC Web指数下设置"新闻资讯""动漫"等分类。

用户可以直接搜索关键词，也可以选择标签查看排行榜，排行榜中提供"月度覆盖人数""环比增幅"等数据，点开"详情"后，用户又可以获知年度各月（月份可以自行选择）覆盖人数趋势、使用人群画像、使用区域占比等信息。

（5）Vlinkage

Vlinkage专注于娱乐数据，它提供电视剧、艺人数据的监测；还可以全面评估未播电视剧的多维数据，从而为广告投放行为提供帮助。

此外，该工具还提供电视剧网络播放排行榜、艺人新媒体指数排行榜。

（6）微信指数

微信指数是一款手机小程序，用手机就可以查看，十分方便。微信指数代表某一个词在微信中出现的频率，用户只需要输入关键词就可以获知该词的微信指数和环比变化幅度。

至于周期，用户可以选择24小时、7日、30日、90日；还可以添加对比词（最多可添加4个），更直观地对比几个词的微信指数。

工具只是用来提高效率，不可过分依赖，想要做出精彩内容，就必须有自己的想法。热点每分钟都发生，独到的见解却万里挑一。要利用热点为自己的想法加码，而不是被热点"绑架"。

3.5 内容素材的分类与整理

内容运营是为产品运营服务的，除了做好搜集、整理与生产等最基本工作外，还要做内容规划和管理。这就像产品排优先级，内容的规划、梳理，可以节省用户的阅读成本，提高阅读效率。因此，在着手做内容之前要想清楚先做什么内容，后做什么内容，重点做什么内容。用户最关心的、可能带来更大流量的、收益高的重要内容先做，不是很重要且不会影响用户体验的内容可以后做。

每个人的精力是有限的，当一个内容呈现出来后，谁也不可能完完整整，从头看到尾。用20%的内容来满足80%的用户需求是最理想的，因此，运营人员非常有必要对内容进行规划与管理。

第 4 章 内容运营：将内容打造成具有商业价值的"产品"

在这个信息泛滥的时代，再好的内容如果不加以运营将其价值充分发掘出来，也无法获得收益。这就像房子，刚盖好的只是一个毛坯，运营就是对毛坯房进行装修与内部设计，使之住起来更舒适。

4.1 运营是连接内容与用户的桥梁

在内容变现的过程中,内容的运营必不可少。之所以要做内容运营,很重要的一个原因就是能够建立一个桥梁,连接内容与用户。换句话说就是,让有价值的信息通过内容向用户展现,从而让用户加深对信息的印象,并正确地使用。

以上解释可能比较抽象,为了便于理解,接下来结合具体的案例进行分析。

> **案例1**
>
> 你经常与朋友去一家西餐厅就餐,之所以选中这家餐厅,是因为不只其饭菜味道好,还对其内部布置特别满意,桌椅、壁纸、吊灯,就连吧台的小摆件都会让你兴奋不已。
>
> 在这个场景中,"你和朋友"是用户,"吃饭"是需求,"餐厅"是产品,"饭菜、桌椅、壁纸、吊灯,以及小摆件等"就是内容。
>
> 你和朋友(用户)通过产品(餐厅)的内容运营(饭菜、桌椅、壁纸、吊灯,以及小摆件等),不仅满足了自己的理性需求(吃饭),还产生了情感共鸣,了解到餐厅文化和价值。

由上可以得出,内容运营的作用主要有两个:一是提供有价值的内容给用户;二是链接与内容价值观一致的用户,传递内容价值。

内容营销时代,无论何种形态的营销都必须建立在优质内容的基础上。比如,工具类产品,内容一般为UI界面、功能、社区等;电商类产品,内容一般为海量SKU、轮播图、网站Banner等;资讯类产品,内容则为文字、图片、视频等。

以一个网站为例,当网站的构架确定下来后,就需要用具体的内容来填充,而内容运营就是做好内容的来源、组织、编辑和呈现等一系列的工作。由上得知,所谓内容运营是指通过原创、编辑、组织等手段呈现内容的手段,从而提高内容价值,让用户对内容产生需求。

4.2 内容运营的工作范畴

4.2.1 内容精准定位

内容定位是内容运营的一项重要工作,也是开展内容运营的第一步。精准的定位有利于打造统一的内容风格,鲜明的内容标签,最大限度符合目标受众的需求;同时也便于在受众心中形成独特的印象,降低阅读的认知成本。

那么,什么是内容定位?所谓内容定位是指,所有内容都必须根据目标受众的需求进行创作。什么能写,什么不能写,能写的又该如何写,选择什么写作视角,以及用什么样的方式去呈现更好的效果等。

为了读者更好地理解这个问题,我们再来看一个实例。笔者曾接待过一个做火腿生意的商家,对方想做一个公众号,但总是无法精准定位内容。于是向笔者咨询。

> **案例2**
>
> 商家:我是做火腿生意的,我的公众号内容应该写些什么呢?
>
> 笔者:您以前是怎么写的?
>
> 商家:以前主要写火腿的科普知识,以及一些促销信息。科普知识包括如何区分火腿优劣,如何储藏,以及金华火腿、云南诺邓火腿等不同品牌的区别等。促销信息主要包括店内的一些促销、打折活动,以及日常优惠信息反馈等。
>
> 笔者:效果怎么样?
>
> 商家:阅读量很低,转化率几乎没有,关键是总写这些内容,无法保证持续输出,写着写着就没东西可写了。
>
> 笔者:其实你不妨写一些与火腿有关的烹饪方法。比如,炖汤、炒菜、烘烤……尽量与美食去结合,一是受众范围比较广,二是美食类内容在很多平台上都是一个大门类,很容易得到平台的流量推荐。目标受众范围大大拓展了,曝光度就会很大。
>
> 商家:唉,这个我写不出来,别看我是个卖火腿的,但到底怎么做火腿美食很少涉猎,要上升到写文章的高度有一定难度。
>
> 笔者:做内容首先要有明确的定位,之前的内容无论是科普知识,还是促销信息,最大的问题就是定位不准,而且这类内容很难持续稳定输出。

笔者在做微信公众号运营咨询时发现,客户反馈的问题各式各样,但与内容有关的最多。这个例子就很有代表性,做内容运营必须先学会定位,不会定位,就很难写出高质量的内容,更别说持续输出了。

那么,内容创作者应该如何对内容进行定位呢?这需要从自身和目标受众两个维度去分析。先搞清楚自己擅长什么,优势是什么;然后分析目标受众的需求,将自身优势与受众需求充分结合起来。

内容定位需要先从自身最擅长的领域入手,在做之前分析一下,自己最擅长的领域是什么,适合什么群体来看;然后再通过一些语言,或拍摄技巧将这种优势最大程度上展现出来。

在自身优势的分析上要掌握研究方法和技巧,按照一定的步骤,循序渐进地进行。具体可以按照如表4-1所列的5个步骤进行。

内容变现：从0到1打造高收益内容创收模式

表4-1 分析自身优势的5个步骤及具体做法

步骤	具体做法
第一步	在一张纸上写下自己擅长的内容，什么都行，只要是自己会的
第二步	将同一主题的内容归到一起，并总结出每一类的主题
第三步	分析出每类内容对应的受众人群
第四步	明确我是谁，确立自己的角色定位
第五步	复核＋选择。经过以上4步使得自己最擅长的部分已经非常清晰了，接下来就是选择一个既是自己最擅长的，又是最符合受众需求的来做

由上可以总结出一个最基本的格式：即我是谁＋什么领域或提供什么内容＋目标是什么/用户能获得什么。

案例3

友盟＋：开发者服务平台（我是谁），以互联网为基础提供优质数据、运营干货（什么领域），为你的创业征途加把力！（目标是什么）

罗辑思维：每天一段60秒语音（我是谁），一篇新角度看世界的文章（提供什么内容），关注罗胖，让你每天比别人知道得多一些。（目标是什么）

4.2.2 内容价值提炼

自从有了互联网，最不缺的就是信息。然而，这些信息质量良莠不齐，有些甚至毫无价值，有些即使有价值也很难体现出来。

对于有价值而无法很好体现出来的信息，则需要进行价值提炼。价值提炼，就是把一篇干巴巴的文章变得更有吸引力。比如，一篇看似很普通的文章隐藏着很多价值点，不经过精心提炼很难被发现。

做好价值提炼，前提是对价值进行判断。内容创业者对于内容质量要有严格的把控。即什么是好内容，什么内容对用户有价值，什么内容有足够的爆发力和传播力。

对内容价值的判断，可以通过以下4个方面着手。

（1）看标题

好的文章标题能吸引受众阅读兴趣，更能体现文章的价值。有很多人写文章的核心价值就爱体现在标题中。读者通过标题可以很明确地知道该文章的最大的，或者说是核心价值在哪儿。

> **案例4**
>
> 一位儿科医生朋友,在今日头条、微博以及短视频平台有粉丝300多万。她擅长用通俗易懂的文字讲述跟儿科相关的专业知识,擅长结合实战经验以及对商业的洞察写文章。
>
> 比如《宝宝一长牙就会发烧?儿科医生来辟谣:二者没有直接关系》《宝宝第一口辅食何时吃?关键要看这些身体信号,可别犯错》;还比如《人生商业模式:有的人换回了全世界,有的人却一无所获》《半秒洞察本质的人,注定拥有开挂的人生》等。
>
> 从这些标题中可以看出,作者用自己在实战中的专业知识结合读者关心的话题,或者是结合具体的案例来写,让读者读后确确实实有所收获。

(2)看文尾

文章结尾很重要,一些爆文是非常注意结尾技巧的。文章结尾有多重作用,一方面可以总结上文,首尾呼应,使文章结构完整。另一方面可以点明内容价值,深化文章主题,启发读者思考。

对于自媒体文章而言,使用后一种写法的更多,因此,在判断内容价值时,务必要多关注文章的结尾部分。

(3)看问答类内容

文章凡是以问答的方式来写的,大都能给读者提供有价值的信息,这一类写法在知乎中非常常见。知乎是一个问答类的社区,当在知乎提出自己的问题后,会有很多人结合自己的经验来回答这些问题。

知乎有很多大V,他们的回答含金量非常高,常常是结合自己的专业,给出多角度的解答。作为内容创作者,在写文章的时候也可以采用问答类的方法。

> **案例5**
>
> 《好妈妈胜过好老师》一书的作者尹建莉,她的书长期占据育儿类畅销榜。原因与其内容特色有关系,一大特色就是回答读者来信。很多文章都是回答读者来信,文章的结构分为两部分,第一部分是读者的来信内容,第二部分是她对来信内容的回答。这些回答非常实用,实战性强,对读者指导意义非常大。

(4)看特别突出的版式

好的内容必定有好的版式,这是因为版式不仅起着美化文章的作用,还有突出重点的作用。

重点内容需要重点突出,那么如何体现出来呢?最主要的方式就是排版,可用特别的颜色、字体标黑标粗、字号加大、加底色的方法来体现。还可以通过模块化，即将一篇文章分成几个部分，为每个部分设置一个小模块，让读者更好地获取信息、理解文章。

排版还有其他的注意事项，这里就不再一一赘述了。总之，对于一篇文章而言，版式不仅是文章的门面，也是读者的阅读环境，优秀的版式自然能让读者更愿意读你的文章，使读者获得更好的阅读体验。

4.2.3 内容规划管理

内容规划管理是对内容文字、编排、表现形式进行合理安排，以进一步体现内容价值，让其充分发挥宣传、推广作用。内容规划管理包括4个方面工作，如图4-1所示。

图4-1 内容规划管理的4个方面

（1）内容审核

内容审核首先是严格把控内容质量，不符合国家政策，不符合主流价值观，与社会大方向相悖的内容坚决不能出现。或者一些负面的内容，也要尽量杜绝，平台流量大起来以后，会引来不少人发广告或造谣，这时，对内容的审核就显得非常有必要了。

内容审核主要是负责保证内容质量，删除负能量、不积极，有违国家利益、法制制度、伦理道德的内容。

（2）内容推荐

为提升用户阅读体验，越来越多的平台开始对内容进行推荐优化，以推荐的形式引导用户阅读。

比如，一款App，当用户进入其界面后，就是进入了一个内容的世界，底部的菜单栏、顶部的目录、买一送一的活动等，处处皆内容，只是表达的形式不一样。如何让这些不同的表达形式呈现出相同的效果，让用户有良好的体验感并认为这是一款好产品？这就需要内容优化和推荐了。

内容推荐是编辑从站内或者站外挖掘好内容，然后进行二次编辑加工，在内容推荐位上进行展示。复杂点的叫内容推荐管理，需要从产品层面去规划内容推荐体系：推荐什么内容？内容从哪里来？在哪些位置推荐？内容更新节奏？如何衡量推荐效果？如何持续地优化等？即使只是其中的产品消息推送工作，也是非常系统的工程。

（3）内容贡献度用户管理

成熟的互联网产品通常会在用户出现明显分层时，设立专门的内容贡献用户管理这一岗位，其主要职责是负责内容贡献用户的招募、服务、活跃、考核、特权开发、礼品发放等。据目前所知，在内容贡献用户管理这块比较成熟的是百度百科。

> **案例6**
>
> 百度百科是百度旗下的一个典型的内容型产品，对用户，尤其是核心用户有十分科学的管理，做的工作也非常到位，加强了内容创业者与用户的紧密联系。
>
> 在生活中遇到困惑、或是某个词语自己不理解，人们常常习惯在百度百科中寻找最准确、全面的知识解读。当我们习惯享受百度百科带来的便捷时，殊不知，在这个便捷背后，不得不提一个独特的群体——"蝌蚪团"。
>
> 蝌蚪团是百度百科最优质的内容输出用户，是百科科友团体的中坚力量。成员主要是百度百科热心科友，这些人是一批有知识、有能力，背景遍布各行各业，甚至有一些堪称行业专家，以分享知识、协作编辑为共同信仰，一边接触行业最前沿学术理论，一边补充百科词条。
>
> 蝌蚪团的主要工作是编辑、评审词条，协助官方完成建设性工作。科友们对词条有较深入的认知和了解，具有较强的词条编辑能力、评审及判断能力。他们除了要贡献优质词条外，还需要作为导师指导高成长性用户编辑精品词条，充当普通科友与官方沟通的桥梁。官方会重点听取他们关于百科发展的讨论与建议。
>
> 另外，蝌蚪团的职责并不只局限于内容，还负责招募和管理蝌蚪团成员，为他们设置产品和物质特权。如果有成员违规了，也要给出对这部分用户警告或封号的处理建议。

如果把百度百科比作一部由网友协作编辑的百科全书，那么，蝌蚪团无疑就是这本书的内容执行官，既要负责内容的输出，也要对内容进行管理，这才保证了百度百科在这么多年来，可以持续稳定为广大网友提供优质的内容，以获得更专业的知识解读。

（4）内容时效性管理

对于互联网产品而言，很多内容是有时效性的，因为这种内容仅在一定时间段内对决策具有价值。如在春节前后，各大平台做春节类专题，贴吧有春节吐槽晚会、知乎周刊有《往返一本通》等。

时效性内容可为产品带来有节点的流量高峰，时效性越强，越容易为产品带来流量。但很多内容的时效性是伴随着相应的管理产生的，对其管理是否有效，很大程度上制约着内容的客观效果。

当然，这种管理也不能简单粗暴地搞"一刀切"，而是根据产品类型进行有侧重的管理。比如，电商类产品主要是跟踪做促销活动，网络社区类产品就要做好内容策划。

4.2.4 内容加工包装

内容创业者除了要具备资料搜集和鉴别能力外,还必须具有二次加工能力。内容属性包装就是对内容的二次加工。内容的二次加工包装,具体来讲有以下5个方面,分别为标题、配图、推荐语、标签和结构优化。

(1)标题

标题属于内容的一部分,好标题不是为了哗众取宠,而是引导目标受众阅读全文。尤其是微博、微信、今日头条等新媒体上的图文类内容,标题非常重要。

以微信公众号文章为例,由于公众号上的文章都是折叠式排列,当一篇文章发布后,目标受众首先看到的就是标题,如果标题没有足够的吸引力,目标受众不会继续点击去看正文。因此,做内容运营,对标题的二次加工非常重要,我们不提倡做标题党,但至少要能吸引目标受众的注意力、激发目标受众的好奇心。

一个好标题至少要有以下6个特点,具体如图4-2所示。

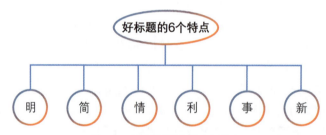

图4-2 好标题具有的6个特点

①明:便于用户辨识;②简:文字要干净,不能啰唆;③情:便于引起用户的共鸣;④利:让用户感到有利可图;⑤事:具有故事性,以"事"感人;⑥新:多挖掘、多创新。

(2)配图

相比文字而言,图片对于眼球的聚焦吸引力更强,一张合适的图片能够大大提升内容对用户的吸引力。

图片在文章中的功能主要体现在以下4个方面。

①解释文字:有些内容,诸如抽象性文字,字数太多的,不便于用文字表述的,可以搭配一张相匹配的图片,对内容进行补充。

②辅助阅读:比如描绘一个场景时,插入一张图片就会产生非常强的代入感和体验感。

③增强可读性:看多了文字眼睛会累,如果后面用一张唯美的图缓解一下眼睛,可获得用户的继续关注。

④商业推广：如果需要在文字中植入广告，只有推荐文案是不够的，这时需要插入相应的图片，更易被用户接受。

（3）推荐语

推荐语也是一样，当标题和配图已经固定不可修改而且没有太多亮点的情况下，运营人员可以在推荐语上下功夫，通过一两句精练的话来概括，以达到抓住用户眼球的目的。

> **案例7**
>
> 以多看阅读为例，一本书的标题和封面往往是已经固定的，内容运营人员就在推荐语上下了功夫。比如《巨婴国》这本书，初看这个书名并没有多大吸引力，因为巨婴是个新概念，大多数人的头脑中对这个词没有认知，而且也不清楚这是一本小说还是情感类图书。但是内容运营人员加了一句推荐语：大多数成年人，心理上是婴儿。这句话对目标受众就有了足够的吸引力，会让用户产生好奇心，脑子里开始想：我心理上也是婴儿吗？只要让用户产生兴趣，就有购买阅读的可能性，从这个角度上看，一句推荐语的价值何其之大。

（4）标签

标签准确标记，能够让内容归位于适合的地方，让目标受众能够更便捷地通过搜索或者目录找到。标签，是对内容额外加上的，用以识别的关键字词。例如，育儿、情感、情商、职场、办公、励志等。比如，育儿类内容标签可以设为宝妈、作业、开学等；情感类内容标签可以设为恋爱、婚姻、男女朋友等；办公技巧类标签可以设为PPT、Excel等。

> **案例8**
>
> 以抖音为例，很多人在刷抖音时发现，系统会推送多个主题很相似的不同视频，此举就是为了鉴定你的兴趣领域，确定你是因为偶然而喜欢这个视频主题，还是真正喜欢，从而更精准地判断你的喜好，并根据喜好贴上内容标签。
>
> 打个比方，你所发布的视频与宠物有关，目标受众也特别钟情于你的视频，完播率、点赞率、互动率都较高。这时，抖音系统就会给你这个账号贴上一个宠物兴趣的标签，当然这个标签我们在前台是看不到的，只记录在系统后台。一个视频一经发布会贴上很多标签，标签分大小标签，比如，宠物下面还有宠物猫、宠物狗等。

标签的最大作用就是帮助系统描述和分类内容，便于检索以及分发给具有相同标签的人。也就是说，每一个内容背后都有一个或多个标签。不只是视频有标签，视频浏览者、也就是用户也会被贴上标签。比如，一个用户最近比较喜欢看美女和旅游，那么他的标签就是美女、旅游。

（5）结构优化

对内容进行包装加工，还包括对结构的优化。文章的结构是为文章总观点表达服务的，可以使总观点表达更明确、透彻。这就需要对原文有深入的阅读和分析，深刻领会文章的精髓。

> **案例9**
>
> 插坐学院是一个职场学习类公众号，曾经转载过白崎的一篇文章。虽然是转载，但不是直接拿过来就用，内容运营人员在不改变原文意思的前提下，对内容进行了二次加工，形成大小标题，使文章结构更加合理，逻辑更加清晰；其次对关键信息进行提炼、标注，尤其是特别有价值的语句，通过变换字体颜色、加粗字体的方式进行突出显示，让目标受众能更强烈地感受到，甚至还增加了与目标受众的互动环节。

对内容结构进行优化包括做出内容提要、内容导航、在正文中设置大小标题、让段落层次分明等。

4.2.5 内容专题策划

专题内容是指基于同一主题而撰写的两个或两个以上的内容组合。它比单个内容在表现力上更强，传播持久性上更长，同时也能兼顾内容的差异性。

纵观一些经典广告文案，也多是以系列的形式出现。例如，百威啤酒不变的"蚂蚁"系列，海王银得菲的"喷嚏尴尬"系列，南国奥园的"运动就在家门口"主题系列等。

> **案例10**
>
> 百威啤酒的广告总是少不了蚂蚁的形象。谈及百威啤酒的广告，国内的消费者头脑中最先出现的是关于蚂蚁的系列广告，甚至很多人觉得蚂蚁系列广告就是百威啤酒的代名词。
>
> 特别是在北京奥运会期间，百威啤酒的8只蚂蚁电视广告给人留下了深刻印象。当时，百威啤酒是唯一一个国际啤酒赞助商，推出了"8只蚂蚁迎奥运"，用生动诙谐的手法描述了一群小蚂蚁喜迎北京奥运的故事，再度显现"啤酒之王"的不凡创想。
>
> 百威啤酒为什么热衷于用蚂蚁？最重要的原因就是打造系列广告，以在消费者心中形成固定的形象。

内容运营：将内容打造成具有商业价值的"产品" 第4章

专题内容主要有以下3个要求。

（1）结构化

专题内容是多个内容的集合，但内容相互之间不是孤立的，更不能随意组合。它必须以一定形式有规律地组合在一起。这个规律就是结构，保证每个内容之间是有组织、有体系的，按一定层次排列的。

选题结构化是系列内容的一个最基本要求，但要想做出结构完整的选题，需要先知道什么是结构化。所谓结构化，是指将欲撰写的若干个内容加以归纳和整理，使之条理化、纲领化，做到纲举目张。

举个长城葡萄酒的一则广告文案的例子。

> **案例11**
>
> "三毫米的旅程，一颗好葡萄要走十年"，这则广告文案描绘出一幅幅美丽的画面，生动形象地传达了长城葡萄酒从选材到生产的一系列的过程，一切仿佛就在眼前。而最让人感动和心动的就是广告的结构和立意。
>
> 很多人初看文案标题——"三毫米的旅程，一颗好葡萄要走十年"，就能感受到制酒人的真诚与辛勤，立马就对长城葡萄酒有了新的认识。除此之外，还有一系列疑问，不禁会问："什么好葡萄，三毫米要花10年？这三毫米又是什么意思呢？"
>
> 于是，文案紧接着就开始解开这个疑惑，从葡萄园、气候、糖度和酸度、酿酒过程等多个方面，一步一步地介绍，目的就是引导目标受众继续看下去。
>
> 有了这一步的精心营造，再落脚在品牌广告语"天赋灵犀，地道好酒"上，这时，很多人豁然开朗，同时也会觉得这8个字简洁稳重，大气开阔。

可见，在策划内容时做好结构安排很重要，直接决定着内容的质量。

（2）细分化

策划专题内容的第二个基本要求是选题细分，这也是策划专题内容最常用的方法。很多人觉得自己的内容立意很新，但发布后就是不受欢迎，其实这与不擅长细分有关，不擅长做细分领域，有再好的立意也写不出有吸引力的内容。

> **案例12**
>
> 抖音上有很多介绍Office、Excel、Word等办公软件使用技巧的视频，众所周知，这些软件在办公软件中本身就是一个很小的门类，但这些账号还可以对其进行细分，将每个用法制作成一个小视频，分条缕析地进行讲解，这样显得干货满满。

Office办公技巧就是这样一个账号，由于能真正解决一部分人的需求，因此拥有近200万目标受众，如图4-3所示。

图4-3　Office办公技巧抖音账号

其实这就是选题细分化的典型做法，设想一下，假如笼统地做"办公软件使用技巧"类，由于办公软件范围很广，容易出现与目标受众需求不吻合的情况，从而导致视频做得很精良，关注度却很低。

围绕某个领域进行深度挖掘，把内容写精、写细、写到极致、做出特色，让其成为同类头牌，就能写出与众不同的内容，吸引更多用户的关注。

在对选题进行细分时可以分两步，第一步先确定内容大方向，第二步再从多个非常小的切入点入手。

（3）场景化

策划专题内容的第三个基本要求是场景化，内容一定要有场景。系列内容更容易营造场景，让目标受众看了之后，头脑中立马呈现出特定的场景，从而加深对品牌或产品的印象。

短视频内容对应的是有图、有真相的视频，是以视频的方式来呈现的，因此对场景要求更高。有了一个具体的场景，就能给目标受众更直观的感受。比如，视频想要推荐一款香水，那么内容中就需要营造出这款香水的使用场景。

那么，什么是内容场景化？可以简单地理解为将时间、地点、人物等元素以及发生事物之间的相互关系，聚焦在一起变成可视化的画面。

以直播达人罗永浩为例，来分析一下场景化的重要性。

案例13

介绍小米巨能写中性笔时，大部分人可能会这样说：拥有3.92毫升的储墨量，采用了德国贺利士碳化钨球珠、日本MIKUNI速干油墨……

这样介绍没问题，也很客观，但如果在直播间这样介绍，估计没几个人能听明白。如果将文案场景化，效果立马会不一样。下面再看看罗永浩是怎么介绍的：

"这支笔顺着跑道笔直地划，能划1600米；一盒总共有10支笔，都够手写完一本《小王子》了；这可能也是很多人一辈子手写的量。"

这样的描述瞬间让人觉得更形象、生动、具体，头脑中瞬间会出现一个跑道或一本书的形象，间接地说明了这款笔储墨量大的特点。直播间粉丝大多是比较感性的，更愿意听自己容易理解的话，所以，在直播带货文案中要善用场景化语言。如图4-4所示是罗永浩直播间卖巨能写中性笔的视频截图。

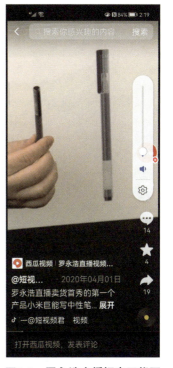

图4-4　罗永浩直播间卖巨能写中性笔视频截图

4.3 为内容贴标签，让内容更个性

4.3.1 需求标签：抓住受众的痛点需求

无论写文章还是拍视频都要抓目标受众需求，让目标受众在阅读或观看时感到就是为了自己而写、而拍的。拟写需求标签最直接的方法就是明确受众群体，毕竟需求就是基于用户而言的，标签某种程度上体现的就是用户属性。

例如，某款牙膏的一篇软文，标题是"一款可以有效击败蛀牙的牙膏"。其实，这样的标题无法有效吸引特定人群的注意力，只能说是基本合格。如果加上"孩子""成年人"等字眼，如"一款帮助孩子击败蛀牙的牙膏"，体现孩子这一群体更精准的需求，就可以抓住这一特定人群。

当然，用户属性并不单单是性别、年龄这些基本属性，还包括多个方面。比如，消费属性、社交属性等，同时，还可对某一个属性进行细分，具体如图4-5所示。

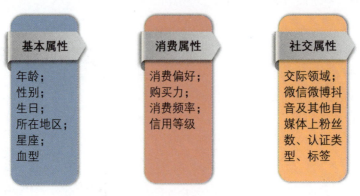

图4-5 用户属性所包括的内容

这些属性经过分析、提炼，以关键字/词的形式植入文章中，就可以形成独特的需求标签。

> **案例14**
>
> 现在来看三张截图，图4-6所示内容，体现的是用户的地区属性；图4-7所示内容，体现的是用户的性别、消费偏好属性；如图4-8所示内容，体现的是用户的社交属性。
>
>
>
> 图4-6 地区属性标签　　图4-7 性别、消费　　图4-8 社交属性标签
> 　　　　　　　　　　　　　　偏好属性标签

4.3.2 热点标签：追逐热点事件和现象

热点是内容创作时不可缺少的，在体现热点时，一个很重要的方式就是添加热点标签。热点标签是热点事件、热点现象的高度浓缩，可能是一个词语，也可能是一个短句，目的是对读者起到抛砖引玉的作用，引起读者的阅读兴趣。

比如，在今日头条发布一篇文章，发布后先是机器对文章进行审核。机器会根据文章多次提到某些词，自动生成一些标签，尽管这些词不会全部成为热点标签，但很有参考意义。这给我们什么启示呢？那就是自媒体抓取标签的依据之一，即被抓取的这个词与当前的热门内容相关度大小。

案例15

在中秋节期间，抖音上一条美食类视频"东北中秋美食大赏"非常火爆，发布4个小时有2918万人在观看，点赞量近40万次，如图4-9所示。该条视频让"中秋美食""东北美食"和"东北中秋"成为热门标签。

那么，如果你在发布视频时也添加"中秋美食""东北美食"，或者"东北中秋"等标签。甚至可以大胆一点，与自己家乡的美食结合下，添加诸如"四川中秋美食""湘西中秋美食"等，也有可能被系统一并抓取成热门标签，视频也有可能被推上热搜。

图4-9 东北中秋美食大赏

只有准确地赋予一些热点标签，才能提升内容的传播量、曝光度。那么，如何才能抓住热门标签呢？这是有规律的，即分析哪些事件最容易成为热门，具体包括如图4-10所示的5个类型。

图4-10　最容易成为热门的5个类型

（1）实时热点

即当前最热门的事件，它可以持续几个小时、一天、几天等，如果是在进展中的事情，则可能持续几个月或几年，比如案件会随着事情的发展保持长时间的关注度。

（2）今日热点

一般是当天发生或者在当天关注度突然急速上升的事件。如果是一个话题，持续性可能比较差。写这些热点，要求创作者眼疾手快能力强，否则过后就蹭不到热度了。

（3）民生热点

民生热点是所有人都会关心的，基本上每个人都会看这类信息，例如政策、交通事故、经济类的热点等。

（4）热门影视

热门电视剧、电影也是自媒体人扎堆创作的领域，比如最近的《哪吒》，不论是明星、网红还是媒体等，都争相以此为题裁创作相关内容，不少人都成功地蹭到了它的热点。

（5）热门综艺

影视、综艺都带有流量明星，由于综艺观众也很多，所以写些综艺相关的、类似的，或是与里面明星有关的，也能博眼球。

4.3.3　话题标签：制造有吸引力的话题

共同话题能让目标受众产生一种"内在环境"，并能引起他们的情感共鸣，激发互动欲望，形成二次传播。因此，在标签提炼时要选择更贴近目标受众的话题标签。

抖音中有个达人话题板块，这部分采用用户（主要是达人）发起，官方助推，用户参与，优先曝光的方式进行运营。

案例16

新冠病毒肆虐国内和全球各地以来，"保护环境，保护野生动物"再次成为大众普遍关注的社会话题。在此背景下，阿拉善SEE公益机构在抖音上发起的"#精灵守护挑战"话题，如图4-11所示，多位生态环保公益达人带领大家学习了解自然生态，同时还为乡村孩子捐书。这一活动就具有社交性，引发了大量抖友参与。

图4-11　阿拉善SEE公益机构发起的"#精灵守护挑战"话题

达人话题相当于为用户提供了生产优质内容的命题，以及参考范本，降低了内容生产门槛，提升了内容曝光度。可见，添加话题标签是多么重要，要想吸引粉丝参与互动，必须添加话题标签。

话题标签的作用主要表现在3个方面，如表4-2所列。

表4-2　话题标签的3个作用

作用	详细解释
内容输出的前提	做优质内容最基本要求就是持续稳定地输出内容，而内容持续输出的前提是一定要有自己的话题
引流吸粉	话题流量相对较大，即使主题本身与内容不太准确，因为主题流量非常大，在账号的冷启动阶段也会带来一定的流量
确定主题	话题也是主题的意思，适当的主题可以帮助系统准确定位内容，推荐更精准的粉丝，使账号在冷启动阶段获得更好的开始

当然，话题也不能随心所欲地找，一般来讲需要注意以下3点。

（1）与内容调性相吻合

话题要与内容调性相吻合，目的是能最大限度地体现优势。关于这一点就不再赘述，从上述案例中可以清晰地看出来，选择的话题不合适，对内容的提升是十分有限的，甚至会起到反作用。

（2）话题要不断更新

一个话题通常来说一周时间就会失去话题特性，需要迭代一次。对于用户来说，可能今天特别喜欢这一个账号，但是连着十几天看这个内容，用户的兴趣度也就会下降。所以如果话题本身内容比较单一的话，就非常难突破。

（3）打造话题矩阵

所谓话题矩阵是对话题做出级别的划分，通常可分为S级、A级和B级。

S级话题，一般是容易引起粉丝共鸣或者具有讨论价值的热门话题；A级话题是日常性质的话题，用来与粉丝的日常互动；B级话题是根据特殊需求，或特殊节日，或其他特殊情况而定的话题。

每一周更新的内容也会给它标上不同的任务目标。比如，周末一般是目标受众活跃度比较高的时候，所以S级话题就会放在周六或者周日上午来更新；比如，周二、周三就是粉丝活跃度比较低迷的时候，就会放一些B级的话题来更新。

4.3.4 相关标签：紧紧围绕主题和观点

标签除了具备以上特征外，还有一个重要的特点：相关性，即所拟写的标签要与内容表达的主题、观点保持一致。

为保证相关性，具体可以从以下4个方面入手。

（1）从文化传承中寻找

凡所过去，皆有故事。历史的沉淀有时也是产品资产的一部分，品牌经时间沉淀下来的文化内涵，总会有死忠目标受众对其迷恋，利用这个特殊的情结就能轻易挑起用户的购买欲望。例如，钟表制造商江诗丹顿的一篇软文标题中植入了时间标签，如图4-12所示。

你可以轻松拥有时间，但你不能轻易拥有江诗丹顿

图4-12 钟表制造商江诗丹顿的软文标题

案例17

江诗丹顿是全球历史最久的钟表制造商,历经243年的时光淘洗。如今,江诗丹顿俨然为"时间"的同义词,更是爱表人士眼中无可替代的腕上艺术品。这个标题告诉用户:江诗丹顿比时间更珍贵。

(2)从创业经历中寻找

正如很多人热衷一些成功人士的创业故事一样,人们更关注他们成功之前的故事。所以创业者的个性与创业时期的故事,或者创始人与历史名人发生关联的故事……都值得我们填入故事金句中,时时刻刻植入用户的大脑里。

案例18

图4-13是钉钉"创业很苦,坚持很酷"广告系列之一,将26个创业故事做成了一篇篇广告语,植入与创业有关的标签,"工作狂""输"等字字扎心,引起无数创业人员的情感共鸣。

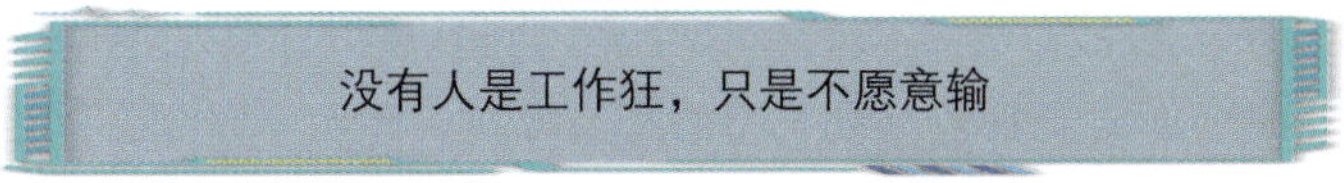

没有人是工作狂,只是不愿意输

图4-13 钉钉"创业很苦,坚持很酷"广告标题

(3)从产品源头中寻找

一个产品从创意、研发、诞生、产地、工艺、味道……总要历经无数次的思考和折腾,这就是你产品的故事来源。对手都在走其他故事类型时,走产品差异化的故事路线,形成产品独特标签,这对于有工艺优势的产品来说,是非常好的选择。

案例19

农夫山泉有这样一则短视频广告,标题如图4-14所示,植入了带有唯美画面的标签,再结合30多秒的短视频,给予人身临其境之感。视频讲述的是长白山四季的童话故事,长白山的春夏秋冬通过几组动画场景呈现出来。视频将美好的感觉放大,用这种生动有趣的表现方式将农夫山泉长白山水源地的另一面展现给大家。

农夫山泉:童话里的长白山,带你喝到这里的春夏秋冬

图4-14 农夫山泉短视频广告标题

内容变现： 从0到1打造高收益内容创收模式

> 原本在包装上的插画一下子都鲜活了，四个场景一气呵成，让我们看到长白山四季变化中的童话世界。
>
> 而本片拍摄中的最大亮点是所有场景都是由实景搭建而成，通过frozen time逐帧拍摄，后期再合上二维动画。

（4）从使用场景中寻找

结合产品的使用场景，设想：什么样的人会使用这样的产品？如果不使用你的产品将会产生什么后果？……根据这些场景就可以编写出让人如同身临其境的故事。

> **案例20**
>
> 自从姑娘教会我用支付宝寄快递，最喜欢隔三岔五给她寄吃的，想到她不回家也能吃到我亲手做的腊肉，就很开心。
>
> ——黄天莲 62岁农民

支付宝最擅长"讲故事"类型的情景文案，而且可以非常精准地植入含有不同情景的标签，使得内容非常有特色。同类型的还有支付宝的十年账单有话说系列、"一句话噎死你"系列等。

第 5 章

内容撰写：
图文内容创作技巧

图文类内容主要包括两个部分：一是标题，二是图文。其中标题非常重要，有吸引注意力、筛选目标受众、传达完整信息、引导粉丝阅读/观看等作用，标题拟写得不好就很难吸引目标受众。

内容变现：从0到1打造高收益内容创收模式

5.1 拟写吸睛标题，写得好事半功倍

5.1.1 开门见山式：直接提出主张

标题的拟写首先需要掌握标题的表达形式。标题的表达形式有很多，运用最多的是开门见山式。开门见山即直接写出内容的主题，向目标受众呈现内容的宗旨和核心。这类标题的好处在于具有高度概括性，让目标受众在最短时间内获得最有用的信息。

比如，一些商家打折促销，就习惯运用这类标题来宣传折扣活动，吸引消费者下单。图5-1所示为家乐福中国在微信公众号上的一则会员促销软文的标题。

加入随时会员，每月9号专享8折

图5-1 家乐福中国微信公众号会员促销软文标题

上述就是利用了开门见山式的写法，直接展示消费者最关注的信息。不过，在用这种写法时一定要注意用词，要精准地抓住内容主旨和中心意思，语言不要过于赘述，应以最直白的语言写出来。概括起来要特别注意以下2点。

（1）少用专有名词

为便于理解，标题中尽量不要使用专有名词。如果确实需要，可以用语言技巧将专有名词通俗化处理，比如，使用比喻、对比、拟人等修辞手法。

在涉及电脑CPU等词时，可以这样说："CPU是电脑的心脏，心脏越有力，就越能多快好省地做事情。"再例如，在解释什么是1080p时，可以这样说："比720p更清楚，尤其适合大荧幕。"

（2）少用形容词

标题是对正文内容关键信息的提取，最先剔除的就是形容词。形容词通常被视作"无效信息"，会让目标受众产生迷惑。

相比之下，动词、名词反而更有画面感，或者用详尽、具体的数字代替。因为描述越具体，目标受众就越容易了解内容的核心。

案例2

在描述手机开机速度快这个问题上，用"快速地完成开机"不如写成"5秒钟完成开机"；在展现团队优势时，用"专业程度高"，不如写成"有10年实操经验、服务过××公司、获得过××奖"。

这就是因为快速、专业等形容词都是模糊的描述，而5秒、10年就非常具体，能让目标受众从文字中直观地感受到"手机开机具体有多快""团队到底有什么经验"。

开门见山是一种直接呈现重点信息的写法，字字珠玑，必须确保每个字都有意义，这是使用这种方法时必须注意的。

5.1.2 悬念式：激发目标受众兴趣

有时候，太过直接不但无法打动目标受众，而且还会起到反作用。这时不妨设置悬念，一个富有悬念的标题更容易激发受众的兴趣与欲望。

例如"公交车司机为写作业小女孩亮灯，她留下一张字条看哭网友"这个标题，讲述的是小女孩在公交车上写作业，司机专为其亮灯的故事。最后设置了一个悬念"她留下一张字条看哭网友"，看到这儿，很多人会想：小女孩到底写了什么，让人这么感动呢？

这类标题在电商促销软文中也经常使用。

案例3

如图5-2所示是十月呵护公众号上的一篇文章，标题是"最毁娃的兴趣班竟是它？！5岁女孩被害终身插尿管！每个家长都要知道"，采用的就是悬念式，读后不禁让人急于知道是什么害了孩子，应该注意些什么。

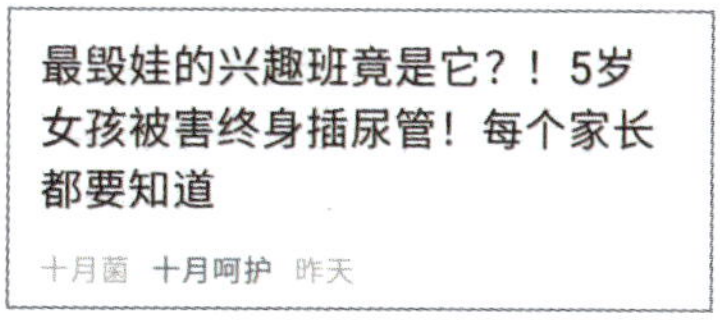

图5-2 京东社区某软文悬念式标题

那么，应该如何拟写悬念式标题呢？拟写方法有很多，关键是把握住"悬"和"疑"。具体有以下3种方法。

（1）用反问、设问等句式

让标题充满悬念，最常用的方法就是利用反问或设问句式。只问不答，留足想象空间。问句制造悬念非常有吸引力，悬念味重，能最大限度地激发目标受众的好奇心，引起目标受众的关注。

不过，也要注意，所提问题的标准是能启发人的思考，不能太简单、肤浅，也不能太偏太难，令人无法理解。

（2）植入带有悬念性、启发人思考的话

为了突出悬念，可以用些带有悬念性的、令人思考的话语。比如"原来是这样""万万没想到""据说"等。当然,这些话在标题中字数不要太多,否则就会喧宾夺主,起不到应有的作用。

(3)植入"秘密""机密""真相""背后"等关键词

大家为什么爱看有悬念的标题?原因在于人人都有猎奇心理,愿意去探究未知的事情。在拟写标题时,一定要抓住目标受众的这种心理,布足诱饵,尽量直观地让目标受众感到悬念的存在,"秘密""机密""真相""背后"等关键词就是非常好的"诱饵"。

康师傅牛肉面就曾用过这种方法拟写过一篇文章,标题是"论牛魔王身上3个不得不说的秘密"。看到这样的标题,你是不是特想知道"牛魔王"身上会有什么不为人知的秘密呢?

5.1.3 情感式:引发目标受众情感共鸣

情感式标题特点是以情定调、以情动人,既能迎合大多数人的阅读心理,又能很好地引发情感共鸣。例如,在谈到钻石时很多人会想到爱情,因此,类似的文章势必会注入一些情感关键词,将钻石与人追求真善美的心理充分结合。

人都是有感情的,我们每个人,每天几乎都会被"情"所包围。在标题中如果能抓住"情"字,用"情"来感动目标受众,必然能够实现强有力的推广,如图5-3所示。

图5-3 带有情感元素的标题

一篇文章假如只有干巴巴的文字,呈现出的信息未免显得过于单薄,目标受众接受起来也比较困难,而如果加入一些情感元素,接受起来就会容易得多。情感就像润滑剂,可以促使内容蕴含的信息润物细无声地沁入目标受众的内心。

那么,哪些情感可以用于标题中呢?这样的情感有很多,人世间的感情大致分为三种,亲情、友情、爱情!亲情又分为父子情、兄弟情等。如果往更深层说,还包括人心的成就感、孤独、梦想等。

(1)亲情

亲情是最容易让目标受众感动的一种情感,善打亲情牌,可以让整个文章更有情怀,引起大多数目标受众的共鸣。但一定要把握好度,否则,让消费者感到有过度消费亲情之嫌,反而会产生反感。

（2）友情

打情感牌，不仅仅有亲情，还要有友情，这是一种更为广泛的情感，几乎每个年龄层的人都可以接受。无论幼儿、年轻人，还是老年人，都有自己的友谊，而且各有特色。

比如，对成年人而言，由于承受着生活中的各种压力，友情能够成为这一人群的主要情感支撑。但现在社会流行的"丧文化"使友情变得脆弱不堪，因此就显得弥足珍贵，如果将此作为主要诉求点，一定会引起这部分人的心理共鸣。

（3）爱情

爱情很美妙，对目标受众的吸引力较大，但局限性也比较大，前提条件很多，用得比较少，在针对特定受众群体、特定商品时可以运用。正如那些经典的产品文案，直接介绍产品很难促使消费者产生购买冲动，而渗入情感则可极大地促使消费者的心理发生变化。然后，再在此基础上介绍产品，就可达到"润物细无声"的效果。

比如，以下文案：

> **案例4**
>
> 爱她，就请她吃哈根达斯。
>
> ——哈根达斯冰激凌
>
> 我做事三分钟热度，却也爱你那么久。
>
> ——珍爱网"520"内容
>
> 每个惊喜背后，都是开不了口的我爱你。
>
> ——唯品会《开不了口》

上述文案只字不提价格、优惠活动等，就是瞄准一个字——"爱"，营造场景，然后演绎出不同情感，从内心深处抓住消费者的需求，让其对产品产生一定的情感。

关于情感类标题的来源，主要还是用心去感悟生活。情感源于生活，发自人的内心，要做出好情感广告，首先要善于悟，研究目标消费者的心理，尤其是情感需求，然后将产品或品牌与情感联系起来。广告要符合目标消费者的生活和情感，这样才能引起共鸣。

5.1.4 故事式：用故事打造代入感

故事人人都爱看，在拟写标题时如果能以讲故事的方式，增强内容的感染力、代入感，就能促使目标受众在阅读时产生情感上的认同。但是如何才能写出有感染力的故事呢？这就需要掌握拟写这类标题的技巧。

故事式标题原则上需要具备人物、事件、时间、地点、结果等5个要素，有时候也可以灵活些，隐藏一个或几个，或者对5大要素进行艺术化处理。

具体技巧如图5-4所示。

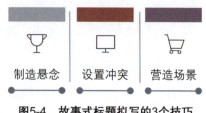

图5-4 故事式标题拟写的3个技巧

（1）制造悬念

制造悬念的标题经常会隐藏几个因素于正文中，目的就是留足悬念，激发目标受众阅读的欲望和兴趣。当目标受众的欲望和兴趣被激发后，就会点击正文详细阅读。

例如，"工地上收到北大录取通知书，但他说的这句话更动人！"

（2）设置冲突

故事的核心就是冲突，没有冲突就没有故事，冲突越大引发的共鸣感越强，而冲突又可以通过转折来构建。因此，在拟写标题时可以利用转折构建冲突故事，利用"尽管""但是""然而""意想不到""毕竟"等转折词，让它有转折。

（3）营造场景

衡量一个故事是否有足够的感染力，就是看是否有画面感。标题尽量要有画面感，可通过图文将故事细节呈现出来，越具体越好，让目标受众如同亲眼所见。这里可以多用动词，把长句精炼成短句，将抽象的概念具体化，便能让故事鲜活起来。

例如，"他开了家深夜面馆，用地道的重庆辣子安慰下班的人，即使他们忘带现金"。

5.2 搭建内容框架，确立写作方向

5.2.1 深耕细分领域，确定主题

进行内容创作，前提是必须有明确主题，哪怕很简单的段子也要有一个主题。以让目标受众，在最短时间内明确所表达的观点、蕴含的信息价值。主题越明确，越容易抓住目标受众的痛点需求，越容易促使其产生阅读欲望。

主题是贯穿全文的主线，它犹如串珠子的线，将每粒珠子紧紧地连在一起。所谓主题，就是所要表达的中心思想和核心观点。当然，这只是个大方向，如果想要进一步打动目标受众，还需要在此基础上对主题进一步细分。因为有些主题范围很广，如果泛泛而谈很难让目标受众明确主题。这个时候就需瞄准一个点，深入挖掘，突出重点。

案例5

方便、快捷是某"出行类"产品最大的特点,假如需要围绕其写一篇宣传文案,如何通过文字来体现这点呢?一味只强调"方便快捷"是不够的,因为竞品中也可能都在强调这一点,满足人们"出行方便快捷"这类需求。

在夜深人静的场景下,女性一般会选择主打安全的神舟专车,放弃便宜的滴滴出行。

在骑行较远路线的场景下,一般会选择主打轻松的共享单车。

这就是细分主题差异化的原因,对于骑行路线较远的人来说,首要需求是轻松,出力少;对于女性来说,更看重安全性。

也就是说,你要有足够的筹码击中用户的痛点,改变用户的选择,促使用户放弃竞品而选择你。

因此,确定主题就成了写出好内容的重要前提,具体可以使用如下4种方法。

(1)根据宣传产品确定

这种方法适合产品类文案,任何文案一定是为某个产品服务的。比如,宣传新品,进行促销等。换句话说,写这类文案之前不能脱离产品这个大前提。围绕产品确定主题,也是最直接、最简单的方法。

案例6

华为nova7系列新品在上市前,就有文案直接对其机型、外观、性能等进行详尽的介绍,如图5-5所示。

图5-5　华为nova7系列新品广告文案

（2）根据产品延伸确定

根据产品延伸确定，是指不直接写某个产品如何卖，打多少折扣，促销活动流程等，而是以这些信息为基础进行再延伸。比如，为服装撰写推广文章，不写该服装的优势、售价等，而是写与之相关的穿搭技巧。

> **案例7**
>
> 茵曼是广州地区的一个服装品牌，它的微信公众号上有很多文章。然而，这些文章大多不是直接卖服装，而是写相应的服务、相关知识，以及一些与产品有关的东西，例如，服饰的风格、搭配技巧等。
>
> 图5-6所示的内容是一个与羽绒服有关的文案"七夕｜见你，我都是要精心打扮的"。
>
>
>
> 图5-6　茵曼服装微信公众号文章

（3）借助竞争对手确定

知己知彼，百战百胜。做内容也要知己知彼，为己所用。如果竞品做得非常优秀，不妨也做一个类似的，但切记不要依葫芦画瓢，直接照搬，而是要结合自身亮点、特色。

案例8

在618电商节期间,各大大型电商的文案都如出一辙,都是围绕促销做文章。令人眼前一亮的是不再有多种商品的堆积设计图,不再有明确的降价促销折扣,取而代之的是标幅式宣传语。

京东——别闹

苏宁易购——别慌

易迅——别吹

亚马逊中国——比价

国美——都别装

1号店——都别信

(4)翻开自己曾经写过的内容

很多内容主题是相通的,同一主题可延伸出很多不同的细分主题。内容做久了,经手的也很多,要善于把主题罗列到一起,并进行分类整理。一个内容可从不同视角,或同一视角的不同层面去写。在具体构思时,也可以采用组合法做系列内容,即同一主题下同时出现两篇或多篇不同的内容,这样更有利于目标受众从不同层面去感知。

5.2.2 围绕主题,选择写作视角

内容能否真正实现盈利,关键在于内容是否有足够的创意。而决定内容创意的往往就是写作视角。角度决定创意,只有先找到独特的写作角度,才能写出别具一格的内容。

通常有3种写作视角,分别为物的视角、人的视角、第三者视角,如图5-7所示。

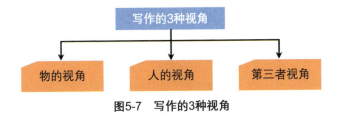

图5-7 写作的3种视角

案例9

以一个装修公司为例,如果该公司想写一篇宣传自己的文案,可从哪些角度入手呢?首先是物的角度。例如,写装修的材料、房子本身等。这样的文案也经常看到,如"你不知道的硅藻""50平的房子这样装,空间大了一倍"等。

其次,也可以从人的角度去写。可从公司自身或装修从业者的视角直接写,如"干了5年装修,结果……";可从业主的视角来写,如"装房子装来一个准女婿,目前婚礼筹备中"。

最后,还可以从第三者的视角去写,如媒体、同行、厂商、销售商家等。这个视角往往不会直接涉及企业信息,但可通过文字、图片、音频等植入的方式植入正文中去。

任何内容都可以考虑从以上3个不同的视角去写,且同一视角还可以继续细分。如"装房子装来一个准女婿,目前婚礼筹备中",这是瞄准了业主的情感方面;还可以写业主的装修体验、经历、经验总结等方面,这样就又可延伸出更多的写作视角。

接下来,就分别看看这3种视角的写作方法。

(1) 物的视角

适合以"物"视角来写的通常需要有特定产品,"物"其实就是指产品。围绕所提供的产品特色去写,例如产品产地、价格、特色以及其他优势等。

优衣库上市了一新款夏凉服,不仅凉爽,而且面料舒服,号称有着特殊的新体验。其公众号上有一篇文章,是以物为写作视角的,标题为"AIRism舒爽内衣,入夏清凉开售!",内容以图文的形式展示,大幅的图片,简洁的文字,具体如图5-8所示。

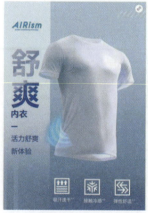

图5-8 优衣库微信公众号文章

上述文案紧紧围绕产品去写,直接彰显了衣服的特色。这类内容直接突出产品特色,最大限度地让目标受众了解产品。正因为产品有新、奇、特等特点,直接写出来更能让目标受众感受到。

(2)人的视角

以"人"的视角来写,是以人为中心,注重体现人的体验,站在目标受众利益去写的一种方式。这样写的好处是更容易切中目标受众的需求,引起目标受众的共鸣。

> **案例11**
>
> 费列罗是意大利知名的巧克力品牌,2021年母亲节前夕,其在微信公众号中曾推送了一篇《这个节日,把最好的献给"她"》的文章,如图5-9所示。这篇文章完全是站在消费者的角度去写的,启发目标受众珍惜母爱,感恩母亲,从而引发了许多人的心理共鸣。
>
>
>
> 图5-9 费列罗微信公众号文章

(3)第三者视角

第三者的视角是一个更客观的角度。站在一个置身事外的第三者的角度来看待、评判,从而客观地体现产品的优势和卖点,让目标受众自觉地产生参与其中的冲动。

> 案例12

米粉，又称小米目标受众，被誉为全网最忠诚的目标受众。小米公司每每有新款上市，这些目标受众都会率先购买体验，并就产品存在的缺陷，献计献策，完善产品功能。因此，小米官方特别善于利用米粉的力量宣传自己的产品。

例如，小米10上新后，为进一步扩大曝光度，官方曾在微信公众号上，以米粉的口吻发布了一篇软文，标题为"小米10惊艳首发！米粉：再贵也买！"，如图5-10所示。

图5-10 小米手机公司以米粉的视角撰写的软文

从第三者视角去写的关键是客观、公正，不偏向、不袒护，尤其是在文字表达上，避免过多掺入自己的观点，过多地显露自己的情感色彩，否则会让目标受众产生以偏概全，以点带面之感。

综上所述，在写图文内容时，要善于从不同视角去思考，然后再结合多方面的实际情况，比如内容主题、平台要求，以及目标受众需求等，选择一个最合适的视角。这样，才能最大限度地发挥内容的价值，实现盈利变现。

5.2.3 设置鲜明的形象或符号

有些比较抽象的内容，会对目标受众在理解上造成一定的障碍。因此，创作者需要对这些抽象的内容具体化。

那么，什么是具体化？为了便于理解，在展开阐述前先看一个案例。

> **案例13**
>
> "持久"是一个抽象的词,每个人对它的理解都不同。一个人在特别着急时,一个小时可能就算很久了,而对于有些人来讲,一年也是短暂的。所以,在"持久"一词的理解上,如果不具体化,就会产生很多歧义。
>
> 如果能用具体的语言对"持久"进行描述,效果会立刻不一样。南孚电池蓄电能力强,持久性好。如何用文字描述这一优势呢?图5-11所示的是南孚电池的一则广告文案。
>
>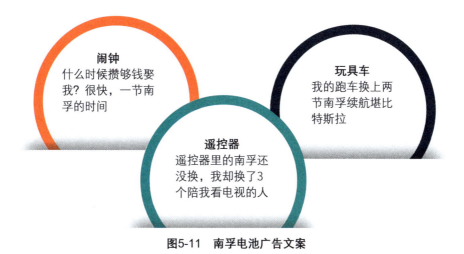
>
> 图5-11 南孚电池广告文案
>
> 看完南孚电池的这则广告,大多数人对南孚的"持久"性有了明确的概念,脑海中第一印象就是"南孚电池使用时间真的很持久",久到可以追到女朋友,可以玩续航很久的旋风四驱车,甚至可以记录一年的体重变化,或者等待老公的归来。这样生动形象的描述,比单纯的解释说明效果要好得多。

南孚电池这则广告利用多个具体的案例,展现多种使用场景,并给每个场景都赋予鲜明的形象或符号,从而使目标受众更形象地理解产品特色功能:持久性强。

所以,对于抽象的内容必须具体化。通过具体的案例、数据、场景等,将抽象的概念、理念、知识与具体人或物进行结合,从而降低阅读成本,帮助目标受众更清晰、准确地理解所传递的核心信息。

(1)寻找产品特色功能

具象化内容最终的目的,是让用户明白产品中的信息,通过描述理解抽象概念,找到产品的主要特色功能,清楚主要理念,将抽象概念梳理再具象化。

（2）联想相关场景

具象化和场景化很相似，一个将抽象概念具体，一个给用户营造使用场景，而具象化也可理解为产品的使用场景和途径，因此同"场景化内容"的方法一样。联想产品可能出现的场景，通过"穷举法"，列出可能出现的所有场景，并梳理出最容易产生联想的，和次容易产生联想的，摸索其中的关联，进而奠定内容描述的环境基础。

（3）学会洞察，挖掘目标用户的痛点

能解决问题的产品才是好产品，能说明如何解决问题的内容才是有效的好内容。做内容要学会洞察，洞察用户的行为规律等，从而挖掘用户的痛点和需求，当内容从痛点和需求的角度出发时，会轻松地让目标用户"愿者上钩"。

其实，无论"场景化内容"还是"具象化内容"，能够感染用户的内容才是好内容。任何一次内容创作，我们都要能洞察到用户的痛点和需求，从而用文字来包装产品，为用户解决痛点和需求。文字不只是广告宣传的形式，它也应该成为广告影响力的得力助手，帮助用户去了解产品、去理解产品理念，甚至让用户产生代入感。

5.2.4 开个好头，先声夺人

凤凰的头往往是最漂亮，最吸引人的。做内容也是如此，有人将其比作"凤头"，可见其重要性。那么，如何写好开头呢？方法有很多，比如利益法、话题法、讲故事法等，具体如图5-12所示。

图5-12 常见的三种开头方法

（1）利益法

绝大部分人看文章都是带有一定的目的性、功利性，希望从中获取最有用的信息。因此，将"利益"作为一个诱饵，抛砖引玉，不失为一种非常好的方法，即利益法。利益法最核心的是找准目标受众最关心的，然后在内容中给予重点体现。

> **案例14**
>
> 2021年春运期间，中国南方航空公司App推出一个机票秒杀活动，内容是这样的："开年大促，机票秒杀"，开始亮出"100元起、秒杀"宣传语，这短短几个词语便一下子让目标受众的肾上腺皮质激素活跃起来，接下来的内容就是为目标受众呈现一个又一个的价格秒杀表格。

> 比如，从北京到大连的飞机票，只需要210元；从北京到哈尔滨的飞机票，只需要330元。
>
> 一句"100元起、秒杀"将价钱优势释放到最大，因为它面对的竞争对手不仅仅是其他航空公司，还有火车、汽车等交通工具，花火车票、汽车票的钱，享受飞机的服务，谁能不心动呢？

事实表明，用利益作为开头，可激发目标受众的兴趣和欲望。当然，这也需要内容创业者充分了解内容要体现的利益点，结合实际进行深入挖掘和提炼。南航这篇文章中的最大利益点是机票促销，但试想一下，这是有前提条件的，如果不是在春运这个关键档口推出，所谓价格优势也不会那么受人关注。

（2）话题法

话题法是指利用已有的、新近发生的、带有流量的话题，为原本平淡无奇的内容制造热度，吸引他人关注。

> **案例15**
>
> 2020年3月26日，罗永浩入驻抖音，并于4月1日进行了直播带货首秀。这场直播3小时销售额高达1.1亿元，观看人数累积4800万人，创下抖音单场最高带货纪录。
>
> 之后，这一事件迅速成为网络上的热点，天猫商城一宠物品牌看中了这一"话题"，第一时间与罗永浩展开合作，打出"罗永浩合作的第一个宠物品牌"的广告。这样的文案虽然很短，很直白，但堪称绝妙，巧妙借助热点事件，制造话题效应，戳中大多数人追求热点的心理需求。

（3）讲故事法

开头讲故事用意很明显，即迅速吸引目标受众的注意力。故事内容比口号式的内容更具有画面感，通过故事串联场景，让图文增加一层视觉记忆，进而更加深入人心。

> **案例16**
>
> 支付宝在宣传支付功能时采用的就是讲故事的形式，列举了一系列小故事，一句话一个，非常简短，但代入感十足。
>
> 例如，
>
> "坐过55小时的火车，睡过68元的沙发，我要一步步丈量这个世界（为梦想付出，每一笔都是在乎）"；

> "千里之外,每月为父母按下水电费的'支付'键,仿佛我从未走远(为牵挂付出,每一笔都是在乎)"。
>
> 这种讲故事的内容形式,在支付宝其他宣传文案中也很常见,例如,支付宝十年账单有话说系列、偷懒日系列、春节六大劫系列。

在"读屏时代",大家麻木了标题党、厌倦了信息流。内容创业者不得不面对一个现实,那就是做内容必须在最短时间内吸引目标受众,向目标受众呈现最有价值的信息,否则再好的内容也可能被淹没在信息的洪流中。

但这是非常难的,目标受众在判断一篇内容是否值得阅读时思考的时间非常短。据统计,这个时间是5秒,甚至还不到5秒,在这种情况下写好开头就显得至关重要。

5.2.5 植入关键词,提高内容曝光度

内容曝光度低是无法吸引目标受众的一个非常重要的影响因素。在提升内容曝光度方面,在内容中植入关键词是非常有效的方法。

案例17

中国人寿保险为吸引用户购买新推出的一种车险,在微信公众号中推送了这样一篇文章,如图5-13所示。

这篇微信软文从标题"今年这么上车险,猜猜你能省多少?"上看,就非常吸引人,省钱是个关键词;开篇的几个关键词"堵车、雾霾、单双号!剐蹭、碰瓷、停车难!"则更是直击人心,抓住很多车主的痛点。相信不少车主都遇到过这些问题,同时,也想规避这些麻烦。

这时,中国人寿保险恰如其分地呈现了一个促销活动:"2016年免费上车险,送大礼"。这个活动才是这篇文章的主题,集中解决雾霾、限号、剐蹭、停车难等问题。

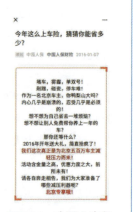

图5-13 中国人寿保险微信公众号软文

关键词很大程度上决定着内容曝光度,从上述案例中不难看出:在目标受众难以耐心阅读大量文字的情况下,关键词就成了获取信息最简单、最高效的一种方式。内容创作者在写内容时需要植入关键词,尤其是大流量关键词,既可以强化内容的可读性,也便于目标受众搜索。千万不要轻视短短的几个字,字字珠玑。

需要注意的是,在关键词的植入上,不是随随便便放入几个即可,而是有方法、有技巧、有规律可循的。

案例18

某旅游网站希望能营造一种"生活不止有苟且,还有诗和远方"的广阔美景。因为,他们的目标受众是年轻人,而现在的年轻人都向往诗和远方,崇尚活在当下,自由自在、无拘无束,再忙也要挤出时间,来一场说走就走的旅行。

他们标题的拟写便采用了关键词法,为充分体现"诗和远方"这种意境,在提炼关键词时分为三步。

首先,确定核心关键词,由于这是一则旅行网站的内容,那么,核心词就是"旅行";

其次,由"旅行"一词进行关联想象,这样的词就比较多。比如,远方、世界、岁月、自由、孤独、温柔、灵魂、足迹等;

最后,再头脑风暴一下,在这些关联词的基础上进行扩展。比如,温柔可扩展为温柔以待,岁月扩展为岁月静好,灵活扩展为灵魂香气等等。

最终确定如下标题:

"纵有全世界的孤独,旅行道路上也会散发出灵魂香气"

这些神奇的词语,就像一支支箭,箭箭插中游客的心。用这些词任意排列组合,可基本覆盖80%的目标受众需求。我们来试一下,把这些词写在如图5-14所示的格中,然后进行自由组合。

组合后的效果如表5-1所列。

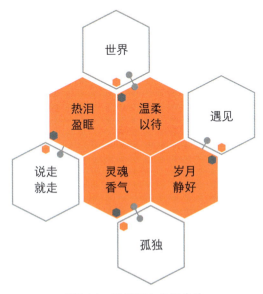

图5-14 关键词自由组合法

表5-1　关键词自由组合后的示例

关键词	标题
世界　温柔以待	去旅行，全世界都会对你温柔以待
遇见　岁月静好	一个人的旅行，遇见未来的岁月静好
孤独　灵魂香气	纵有全世界的孤独，旅行道路上也会散发出灵魂香气
说走就走　热泪盈眶	来个说走就走的旅行，老了也会热泪盈眶

5.3 优化视觉效果，让目标受众更舒心

5.3.1 文字：提升内容的审美性

对于图文类内容，首先就是文字层面要有审美性。文字的审美性是指文字的编排在视觉上既符合大众的审美，同时又能凸显出关键的信息。

在提升文字的审美性上，可以从如图5-15所示的4个方面入手。

图5-15　提升文字审美的4个方面

（1）标题格式

标题是最直接激发目标受众阅读兴趣的元素。一个好的标题格式绝对可以提高内容的点击率。比如，三段式标题表达更清晰，尽可能地吸引目标受众的眼球。其他的还有悬疑式、数字式、对比式等。这里就不再详细介绍，总之标题对于排版很重要。

（2）正文格式

正文格式一般包括字体、字号、行间距、段落首行、段落间空行等。正文字体多用宋体、楷体、黑体，大小为5号字（或16px），行间距通常为1.5或1.75比较合适。对于字数较多的正文，一般采用左对齐，字数较少的标题或者文章可以居中对齐。

首行不要缩进，段落间空行。尤其是在移动端，首行千万不要空两格，建议段落间空一行，这样做会从视觉上减少目标受众的视觉疲劳。

（3）正文文字

有人习惯将正文文字颜色设为纯黑色，其实，纯黑过于扎眼；也有人习惯将文字设为多种颜色，而大面积的彩色又太晃眼。最适合的是深灰色（色值#5A5A5A），或稍浅一点的灰色（色值#565656）。

正文字体的颜色不要超过3种，如果你具备较强的颜色搭配能力，可以适当增加颜色，否则就不要太花哨。

（4）特殊文字

这里是指部分文字，并非正文文字。全部使用宋体、楷体、黑体等常规字体，往往容易使内容看起来呆板，以至于展现出来的页面缺乏特殊效果。

对部分进行创意设计，巧妙使用特殊字体，或者在字体中添加修饰元素，可使内容表现形式更加丰富多样。尤其是在标题、重点段落、重点语句，以及需要强调的文字上要多设计，有足够的创意。

5.3.2 图片：拓展内容的信息量

除了文字，合适的图片也是非常有必要的。"一图胜千言"，图片可大大拓展内容的信息量，同时增强可读性。美国传播学家曾做过一个实验，得出这样的结论：一个人在获取信息时，20%来自文字，30%来自声音，40%来自图片，10%来自其他。

案例19

2010年8月8日，重庆理工大学外语学院学生王凯以"kayne"为名在微博上发出舟曲泥石流灾害的第一张照片，其微博被迅速转发传播，部分图片被各大网站转载。一张张灾害现场的照片，震撼着国人的心，也在很大程度上加快了救援行动的展开以及捐助活动的进行。

图片是一种视觉语言，向受众传递着直观、形象的信息，满足了受众的视觉享受。当前这个"读图时代"，更是一个强调以视觉为中心对信息进行传播的时代。所以，内容创业者无论在主流媒体，还是在非主流媒体上，都要重视图片的运用。

配图最基本的要求是清晰、明亮且契合主题，内容常常需要配图的地方无外乎如图5-16所示的3个。

图5-16　内容中常需配图的3个地方

内容变现：从0到1打造高收益内容创收模式

①正文配图：图片铺满整个屏幕的体验是最好的，尺寸最大5m，但事实上，图片长、宽度大于640px就会被压缩，图片最小不能小于400px。

②封面图（头图）：最佳尺寸为600×275的像素，尽量让图片内容主体处于图片正中心位置。

③缩略图：尺寸为200×200的像素，这种小图要选择简洁干净、色彩统一的图片。

对于图片的来源，很多内容创业者喜欢自己拍摄。但有时候时间有限，无法拍摄到一手资料，而且自己拍摄如果掌握不好技巧，效果并不是很好。这时，就可以利用网络，搜索自己想要的素材。

关于图片的获取途径，有很多特定的网站，网站会提供大量图片素材，以供快速找到自己想要的图片。常用的图片网站有以下5个。

（1）Magdeleine

Magdeleine里图片非常多，不但可以用来做图文素材图片，还可以做PPT图片和壁纸图片，而且最重要的一点是里面的图片非常漂亮。

（2）Barnimages

Barnimages有海量的高质量图片素材，里面的图片也非常好看，是那种比较文艺范的图片，而且还可以随时下载。

（3）haotu

haotu叫作好图网，为什么叫这个名字呢？因为它是图片类型的网站，更准确地说叫图标，所以如果有图标需求可以到这里找。

（4）腾讯设计导航

带有设计二字的普遍都是关于图片素材的，这个可以说是腾讯的良心之作，不用多考虑，直接用就是了！

（5）Lifeofpix

Lifeofpix网站上的很多图片都是风景画，而且都是欧洲摄影师精心拍摄的，对于想用风景画做配图的自媒体人来说是个绝佳的选择。

5.3.3 色彩：感觉就是顺眼、耐看

色彩是一种最容易被接受的视觉语言，是最直接、最迅速、也是最敏感的因素，具有信息传达和感情表达的功能。因此，只有合理地运用颜色，才能使色彩发挥出应有的作用。在色彩的调配上，使用对比色和调和色是两大技巧。

（1）对比色

对比色是根据色相强弱对颜色进行分类的一种方法，在色相环上通常是指相距120°到180°之间的颜色。如图5-17所示，是颜色的12色环，全部颜色可看作是一个360°圆环，15°一个区间，每个区间分布一种颜色，共24种，因此又叫24色环。

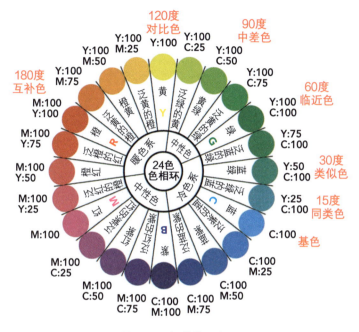

图5-17 色彩的24色环

相距15°为同类色；相距30°为类似色；相距60°为邻近色；相距90°为中差色；相距120°为对比色；相距180°为互补色，如图5-18所示。

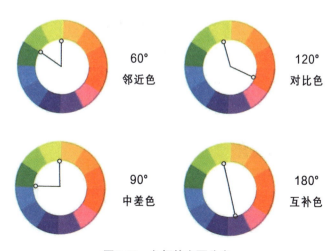

图5-18 色相的主要分类

从图中可以看出相距180°的两个颜色对比最明显，随着度数的减小，对比程度也变小。对比色构成色彩对比性最强，给人的视觉差最强，线条分明、充满立体感。

（2）调和色

在色彩的搭配上既需要对比色来营造视觉差，也需要调和色使页面更和谐。所谓调和色是指将具有共同、相互近似的颜色进行配置，形成和谐统一效果的一种色彩。

调和色会涉及3个一致：色相一致、明度一致、纯度一致。

1）色相一致

色相即各类色彩的属性，是区别各种不同色彩最基本的标准。除黑、白、灰外，其他颜色都有色相属性。

色相一致是指色环中相距15°到60°的颜色，有同类色，有类似色，也有邻近色，目的就是为了使页面色彩和谐，产生层次感。以蓝色为例，如图5-19所示。

图5-19　色相一致的颜色举例

2）明度一致

明度是指颜色的明亮程度，是决定配色的光感、明快感的关键，是人分辨颜色最敏锐的色彩反应，明度变化表现出事物的立体感和远近感。

颜色的明度可分为3个度，分别为低明度、中明度和高明度。黄色明度最高，蓝色明度最低，如图5-20所示；同一颜色明度降低后变为黑色，明度增加后变为白色，以蓝色为例，如图5-21所示。

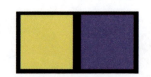

图5-20　明度最高和最低的颜色

图5-21　颜色明度变化示意图

高、低明度的色彩对比性都较强，很容易取得对比的效果，中明度的色彩对比比较弱，只有微弱的轮廓感。

3)纯度一致

纯度代表着色彩的鲜艳程度,在一组色彩中,当纯度水平相对一致时,色彩搭配也就很容易达到调和的效果。随着纯度高低的变化,色彩也给人以不一样的视觉感受。

高纯度的色彩给人以鲜艳夺目、华丽而强烈的感觉;中纯度的色彩给人以文雅、含蓄、明快的感受,多用于表现高雅、亲切、优美的画面;低纯度色彩的色感比较模糊,给人以平淡、自然、无力之感。按照S值纯度划分,依次是红、橙、黄、绿、青、蓝、紫,如图5-22所示。

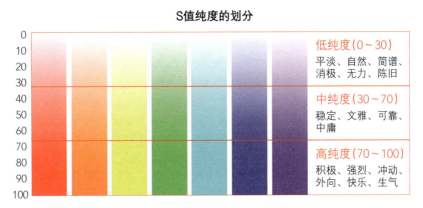

图5-22 颜色纯度变化色卡示意图

不过在具体实践中,对比或调和单独使用的情况比较少,常常是两者融合在一起,整体上用调和,局部用对比。

颜色搭配在图文类内容中更重要,良好的色彩搭配能给人以强烈的视觉冲击力。然而,内容创业者在色彩的调配过程中,也需要注意不合理的搭配。不要堆砌色彩,不要在同一页面上使用过多的颜色,不要过分强调色彩的刺激度。这样容易造成版面复杂、混乱,对目标受众获取信息毫无帮助,反而带来负作用。

第 6 章 内容撰写：视频内容创作技巧

在内容创作中，除了图文内容外，还有一类内容，即视频内容，并逐步取代图文内容，成为内容体系中的主要组成部分。就创作难度系数讲，视频比图文更简单，更省时省力。主要考验创作者的视频拍摄能力和后期剪辑能力。

6.1 选择拍摄设备，提升拍摄质量

6.1.1 常用拍摄设备优劣势

随着短视频流量风口的到来，从事短视频创作的人也越来越多，逐步成为内容创业的主要领域。做短视频创业先要解决的就是拍摄设备问题。

拍摄短视频的设备有很多，而且各有优劣势，下面将对3种常用设备优劣势进行分析，如图6-1所示。

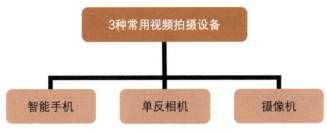

图6-1　3种常用视频拍摄设备

（1）智能手机

智能手机是短视频拍摄运用最多的一种工具，尤其是随着手机像素不断提高，拍照、摄像效果也越来越好，成为大多数新人入门的必备"神器"。但智能手机也是优、劣势明显，最大优势是携带便捷、使用简单，能够随时随地进行拍摄，大大降低拍摄成本。

劣势是拍出的视频质量有所欠缺，光线难以调节，拍摄近景时清晰度不够，稳定性差，容易造成画面抖动。

因此，在使用智能手机时需要一些"神器"辅助，以弥补视频的不足。例如，自拍杆、手持云台、外置镜头等。

（2）单反相机

同专门为拍摄而设计的单反相机比较，智能手机固有的劣势就显现出来了。例如，手机镜头很差的问题，这是因为手机拍摄镜头，其实就是一个广角定焦头。而且没有标头、长焦端。拍摄只能局限于形状、体积等，无法拍摄景深类照片。假如遇到虚化背景的小景深照片，则很难拍出效果。

鉴于此，要想拍出好视频单反相机必不可少。它是一种中高端摄像设备，用它拍摄的视频画质比手机好很多。操作得当，比摄像机还要好。

较之智能手机，单反相机在拍摄短视频上主要有3个优势，如图6-2所示。

然而，单反相机的劣势也不少。比如，价格贵，体积大，便携性差，通体操作性差，新手很难掌握拍摄技巧。而且往往需要针对不同短视频平台要求进行必要的调整。

画面质量优质

可以经过映象更加准确地取景，使拍摄出的画面更清晰，更符合实际，与现实中看到的影像尽量保持一致

景深效果比较好

大尺寸图像传感器，配合大光圈镜头拍摄，能够获得很好的景深，形成强烈的背景虚化效果

卓越的手控调节

根据需要调整光圈、曝光度，以及快门进度等，可获得比手机更加独特的拍摄能力

图6-2 单反相机的3个优势

（3）摄像机

正常的摄像机分为业务级摄像机和家用DV摄像机两种。业务级摄像机常见于新闻采访或者大型专业拍摄。电池蓄电量大，散热较好，而且有独立的光圈、快门以及白失调等设置，拍摄画质比单反相机好。

但由于业务级摄像机的机型往往较大，拍摄者使用起来不便捷，而且价钱较高，因此普及度较低。如果没有特别需要，建议选择家用DV摄像机，机型较小，方便携带，稳定性也不错，特别适合家庭出行或日常拍摄。

6.1.2 合理运用拍摄构图法

要想拍出高质量的短视频必须掌握多种构图法。构图是指拍摄者通过运用多种手段，在画面上生动、鲜明地表现被拍摄物的形状、色彩、质感、立体感、动感以及空间关系的一种方法。目的是使主题明确、主体突出，主次分明，符合观看者的视觉规律。

构图法有很多，常用的有5种，如图6-3所示。

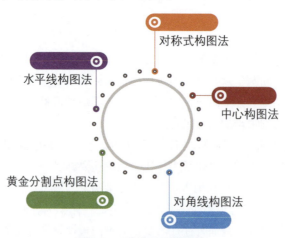

图6-3 5种常用的构图法

（1）水平线构图法

水平线构图法是由三分线九宫格构图法延伸出的一种典型拍摄法。由于特别适用于水平方向的拍摄，因此成为一种相对独立的构图法，在实践中运用得非常广。

这种构图法要求相机与被摄物体处于同一水平面，并且保证水平线体位于画面的1/3或2/3处，如图6-4、图6-5所示。

图6-4　水平线体位于画面1/3处　　　图6-5　水平线体位于画面2/3处

图中的水平线是画面的分界线，营造一种平静的感觉。利用水平线构图法可以完美地表现大场景的壮观与宽广，给目标受众稳定、均衡的感觉。特别是在使用广角镜头时，可以容纳更多的画面元素，让画面的视觉效果更加完美。

在这里有一点需要特别注意，那就是水平线的设置。在模拟图上，这条线是虚拟的，但在实际拍摄中最好能真实存在，自然显现在画面中。这就需要在拍摄时找准参考物，如山脉、树木、水面、道路、建筑物等，将其作为画面元素之一，来调整画面中的水平线。

（2）对称式构图法

对称式构图法是利用画面中景物所拥有的对称关系，来构建画面的拍摄方法。这种构图法具有均衡、稳定、对称的特点，特别符合我们的视觉习惯，常用于表现对称的物体，如图6-6所示。

图6-6　对称式构图法拍摄实图

上图是以中轴线为基准,左右配以相等或相似的画面。在实际运用中这条线还可以变形,比如,横线、对角线等。所以,常见的对称是构图法的形式,按照分割线方向可以分为3种,分别如图6-7所示。

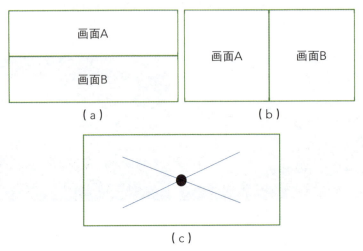

图6-7 对称构图法的3种形式

（3）中心构图法

所谓中心构图法,是将拍摄物体置于画面正中心的一种拍摄方法,这种构图法最大优点就在于主体明确、重点突出,而且容易使画面产生上下、左右平衡的效果,如图6-8所示。

这种构图法是新手最常用,也是最简单的一种拍摄方法。新手初涉短视频,在拍摄时往往习惯将被拍摄物置于画面中心。不过,需要注意的是,中心构图法需要根据被拍摄的主题和环境而定。主体较多,周边环境繁杂的画面不适合这种方法,如图6-9所示的这种情况就不适合。

图6-8 中心构图法拍摄成功案例

图6-9 中心构图法拍摄失败案例

上图这朵花整体比较瘦长,放到画面正中显得非常突兀,有种孤零零之感,再加上背景也过于杂乱,使注意力很容易被周围的东西打乱,无法很好地突出主体。

（4）对角线构图法

利用对角线构图法拍摄出来的画面富于动感，显得活泼，容易产生线条的汇聚感觉，吸引人的视线，达到突出主体的效果，如图6-10所示。有效利用画面对角线的长度，将画面进行分割，将主体与陪体直接联系起来。

图6-10　对角线构图法拍摄实图

斜线具有变化和动感。在表现静态时，通过垂直或横向的线条，可以表达严肃或宁静的气氛。对角线构图法的关键，是把被拍摄主体放在画面的对角线上。在具体拍摄时，可以调整被摄者的身体线条，使之在画幅中形成动感的斜线，并向画面的对角倾斜，也可以使画面中背景或陪体的线条形成对角形式。

（5）黄金分割点构图法

0.618黄金分割点是万物美之源，其完美度堪比黄金，既是一种设计技巧，又蕴藏着丰富的美学价值，被认为是建筑和艺术中最理想、最完美的比例值。以此类推，使用黄金分割点构图法拍摄出来的视频也一定是最美的。

那么，在实际拍摄中如何寻找黄金分割点呢？这个也是有技巧的，因为在摄影构图中，黄金分割点重点表现在几个特殊点上。

1）长方形对角线与其垂线的交叉点

在确定黄金分割点时可借助一个长方形。先找到其中一条对角线，再画出对角线的垂直线，垂直线与对角线交叉的点，就是黄金分割点，即垂足。黄金分割点构图法线形图如图6-11所示，需要注意的是，由于有两条对角线，每一个画面中可以找到4个这样的点。

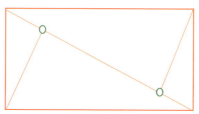

图6-11　黄金分割点的确定1

2）黄金三角形

除了前一种方法外，还有一种可以确定黄金分割点的方法，即黄金三角形。利用两个互为相似的等腰三角形，由于其一个的腰与另一个的边比值为0.618，因此可以确定一个点，如图6-12所示。

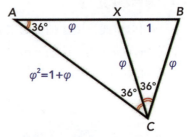

图6-12　黄金分割点的确定2

ABC与CBX互为等腰三角形，X为AB（ABC腰）与BX（CBX边）的交点，比值为0.618，那么，这个点就是黄金分割点，是黄金分割点构图常用的一个点。

另外，两三角形共同的顶角C也是一个最佳构图点，实拍图如图6-13所示。

图6-13　黄金分割点构图法拍摄实图

6.2 运用剪辑技巧，提升视频观看体验

6.2.1 转场技巧：将多个视频无缝对接

假如视频从头到尾就一个场景，不但无法展现出丰富的内容，给目标受众的视觉感受也会很差。转场是一种视频拼接技巧，目的是展现多个场景。

对两个或两个以上视频进行转场，让视频与视频之间的衔接流畅自然。视频转场的操作步骤相对简单，只要下载了相应的软件或App，按照提示完全可以操作。对此，不再赘述，这里重点介绍在视频转场过程中应该掌握的技巧，这些技巧具有普适性，不局限于某个软件或App。

常用的转场技巧有8个，具体如图6-14所示。

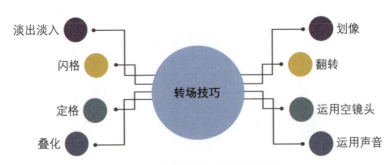

图6-14　常用的8个视频转场技巧

（1）淡出淡入

淡出淡入是最常用的技巧，被认为两个视频过度最自然的一种方式，可以很好地掩盖镜头剪辑点。为了更好地理解，我们将其分开定义，淡出是指前一个视频最后一个镜头逐渐隐去直至黑场，淡入是指后一个视频第一个镜头画面逐渐显现直至正常亮度。

需要注意的是，淡出与淡入之间黑场或泛白时间可以根据视频情节、情绪、节奏的要求自由决定。例如，有的视频特意延长黑场时间，以给人一种间歇感。在调节淡出与淡入之间黑场或泛白时间长短上常常用到以下两个技巧。

1）缓淡

缓淡是一种画面的渐隐技巧，比如，放慢渐隐速度，或添加黑场等。着重表达一种情绪，比如抒情、思索、回忆等，因此，也常用于情绪表达类视频。

2）闪白

闪白这种技巧与缓淡相对，是一种画面渐现技巧。一般是在原素材上调高中间调和亮度，然后再叠化，这样画面的亮部先泛白色，然后整个画面会逐渐显白。感觉就像光学变化，不单调，还能保持即使在最白的时候也隐约有东西可见。

（2）闪格

闪格与淡出淡入类似，但原理不同，它不是在视频原素材基础上做一个黑场和白场的过渡。而是在原素材之间插入一个黑场或者白场画面，但是由于时间非常快，目标受众很难注意到，画面带来的冲击感也是一闪而过。

（3）定格

定格是指将视频画面运动的主体突然转变为静止状态的一种技巧。可以起到强调某一主体的形象、细节，制造悬念、强调视觉冲击力的作用，多用于片尾或较大段落结尾。

（4）叠化

在化入化出的过程中，两个镜头有几秒的重叠，镜头质量不佳时，可借助叠化来冲淡镜头缺陷，达到柔和、舒缓画面的效果。让前一个镜头从模糊逐渐消失，后一个镜头逐渐清晰，直到完全显现。具体是指前一个视频最后镜头的画面与后一个视频第一个镜头的画面相叠加的技巧。

图6-15　适合叠化的3个场景

运用叠化的几个特定场景，如图6-15所示。

（5）划像

划像多用于两个内容意义差别较大的视频画面转换时。可分为划出与划入，划出是指前一画面从某一方向退出荧屏，划入是指下一个画面从某一方向进入荧屏。根据画面进、出荧屏的方向不同，可分为横划、竖划、对角线划等。

（6）翻转

翻转用于对比性或对照性较强的视频画面转换时。是指以屏幕中线为轴让画面转动，前一段落为正面画面消失，而背面画面转到正面开始另一画面。

（7）运用空镜头

空镜头转场的方式在影视作品中经常可以看到。例如，当某一位英雄人物壮烈牺牲之后，经常接转苍松翠柏、高山大海等空镜头，主要是为了让目标受众在情绪发展到高潮之后能够回味作品的情节和意境。

值得注意的是，这种衔接方式强调的是视觉的连续性，并不是适用于任何两个镜头之间，在实践中需要注意寻找合理的转换因素和适当的造型因素。

（8）运用声音

声音转场是指用音乐、音响、解说词、对白等，与画面配合实现转场。第一种是利用声音自然过渡到下一阶段，承上启下，过渡分明，转换自然。第二种是利用声音的呼应关系来实现时空的大幅转换。第三种是利用声音的反差来加强叙事节奏以及段落区隔。

6.2.2 运镜技巧：丰富视频画面的多样性

运镜也叫运动镜头，顾名思义是指通过推、拉、摇等操作，让拍摄镜头发生位置变化和空间转移。运镜技巧可以让视频画面富有变化，让视频主题的气氛和情感更加立体化。常用的运镜技巧有8个，如图6-16所示。

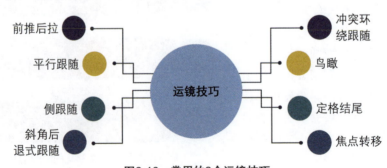

图6-16 常用的8个运镜技巧

（1）前推后拉

前推后拉是两个运镜方法，前推运镜和后拉运镜，两者是一个相对的拍摄方法。

前推是一个从整体到局部的拍摄方法，具体是指当镜头着眼于被拍摄主体时，将镜头向前推，或者拍摄者向前推稳定器，直到展示出拍摄对象的局部细节。同理，后拉是指将镜头向后拉，或者拍摄者向后拉稳定器，直到展示出拍摄对象的背景全貌。

前推后拉是一个从整体到局部，从局部到整体的运动性拍摄方法，整个过程要求在运动中进行，而且在拍摄过程中需要将稳定器设置成全跟随模式。

（2）平行跟随

平行跟随运镜相对比较好理解，是指跟着拍摄对象，平行缓慢推进，以充分展示被拍摄主体的整体状态。这种方法更注重表现人物状态及内心活动，因此多用于拍摄人物。

需要注意的是，在使用这个运镜方法时有个小技巧，即配合"滑动变焦"，这样更能体现人物的焦虑、紧张等情绪。

（3）侧跟随

与平行跟随相似，只不过跟随的位置发生了变化，要求跟着被拍摄主体左右推进。这种运镜方法可充分展示人物与环境的关系，适用于连续表现人物的动作、表情或细节的变化。

（4）斜角后退式跟随

这个运镜方法是在侧跟随运镜的基础上做进一步的改进和提升，目的是更大范围地展示人物和环境的动态关系，在取景上更有代入感。具体要求拍摄者在侧跟随的基础上向斜后方后退，将稳定器设置为航向跟随模式，或者水平移动或者垂直方向的锁定模式。

比如，被摄主体沿着直线往前走，拍摄者就可以拿着稳定器一直往斜角方向后退。最终的效果就是拍摄对象越来越小，但是个人所在的环境会越来越丰满，越来越丰富。

（5）冲突环绕跟随

冲突环绕跟随是一种难度较大的运镜方法，要求与被摄主体朝着相反的方向运镜，制造出画面冲突视觉。这个需要拍摄者迎着拍摄对象反向运镜，等到被摄对象走到跟前的时候，再转动镜头；当对方靠近后，再跟随人物身后展示所面对的环境。

在运用这样的镜头时，同样需要把稳定器设置成全跟随模式。也就是说，在水平和垂直方向，稳定器都可以运动，这样就可以或高或低、或俯或仰地自由拍摄。

（6）鸟瞰

鸟瞰运镜常用于高空或高角度拍摄，目的是展示整个俯瞰的画面，能给人以壮观和自由的感觉。具体操作要求：把手机或相机装在拍摄专用的机械臂上，然后按需要移动。但由于boom需要较多时间组装器材，拍摄前需要做足前期制作，以免浪费时间。

（7）定格结尾

好的结尾是整个视频的点睛之笔，为了凸显结尾的作用，可以采用这种定格结尾的方法。意味着高潮即将结束，或是另一段叙述的开始，让目标受众从视频的故事，或某种情绪中抽离出来。

定格结尾运镜的操作也非常简单，基本操作方法是半环绕—后拉—定格的操作。即被拍摄主体处于原地不动，拍摄者手举稳定器慢慢往后退，直到被拍摄物充分与周边环境交融在一起。

（8）焦点转移

拍摄时随着主体的移动，改变对焦距离，或者将对焦点移至另一个主体。拍摄前，最好先将镜头调到对焦的起点，再在对焦环的胶带上做标记，然后再将镜头调到第二个对焦点，再作标记。拍摄时按照这些标记调整焦点就能更准确地对焦。

这种运镜方法可让移动中的主体保持清晰，或者引导目标受众转移焦点，例如在电影里的对话中，将焦点从一个人移到另一个人身上。

总之，想要拍出有吸引力、有张力的视频，运镜是最基本的技巧之一。无论拍什么样的短视频，都离不开这几个通用技巧和画面整体构图。

6.2.3 特效技巧：特定氛围的精心营造

做短视频必然会用到特效，特效可以增加视频的视觉效果和技术含量。常见的特效有哪些呢？

（1）滤镜特效

滤镜特效是短视频常用到的一个特效功能，要想制作的视频更精致、更有魅力，必须借助滤镜特效。滤镜特效功能非常多，可以让视频画面展现出各种不同的播放效果。

具体功能与用到的软件有关，不同软件上的特效有很大的不同。

（2）时间特效

时间特效主要是从视频的时间角度，对视频添加三类特效，可以让视频快放、慢放、倒放，还可以让视频闪一下。

这两个特效是很多软件上普遍有的，几乎每一款都有。除了这两款普适性较广特效外，还有很多小众、特色特效，都是某一款或几款软件上有的。利用这些特效，强大视频处理功能，让你轻松变成短视频达人。下面介绍5款比较有特色的特效软件，如图6-17所示。

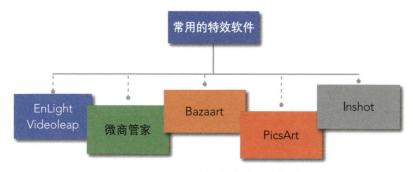

图6-17　5款比较有特色的特效软件

（1）EnLight Videoleap

EnLight Videoleap能实现很多电脑剪辑软件的效果，堪比PC端的Pr，特色功能有创意合成、高端工具。

1）创意合成

这款软件里面有一个混合器功能，可以做出有创意的合成特效，将视频和图像混合在一起，打造双重曝光和艺术外观。使用转换、屏蔽和混合模式自定义图层，能做出大片的后期效果。不过，自带滤镜不多并且偏复古，所以可以在剪辑完成后选择其他软件调色。

2）高端工具

这款软件拥有添加关键帧和蒙版等一系列专业功能。在具体运用时可以逐帧调整，添加转场、音乐等，非常适合用于音乐卡点和精细化视频调整。此外，还支持4K高清导出，电脑播放毫无压力。

（2）微商管家

微商管家是时下热门的微商作图工具，从批量全屏水印到海报广告模板套用，满足微商所有的作图需求；各种朋友圈图片热点，一键转发，轻松玩转朋友圈，具体如表6-1所列。

表6-1　微商管家特色功能

功能名称	功能解释
图片批量处理	最多可以添加100张图片，批量添加水印、二维码、贴纸、文字等，多图一键同步处理，轻松方便。此外，还有微商个性水印，充分展示品牌信息，防盗图
一键添加水印	可以在视频上添加水印、二维码、贴纸等，增加视频可信度

续表

功能名称	功能解释
制作微信聊天对话	做微信聊天对话，除了文字聊天，还能添加语音、转账、红包、好友列表等
艺术字幕	有App里最丰富的字体及字幕画框

（3）Bazaart

抖音上曾有超火的恶魔缠身特效，就是用这个软件完成的。该软件不仅能提供最专业的图片剪切，还可以自动或手动删除任何照片的背景这一便捷功能。

该软件特色功能主要有3个：

①通过简单的触摸手势就可以选择照片、比例、旋转、位置、复制等操作。

②一键去掉照片背景，适用于海边、山顶、天空等大场景。

③最多可以添加100个图层，并且每个图层可独立编辑，所有操作都是可逆的。

（4）PicsArt

该款软件最大的特色是P图和手绘图片，之前很多火爆的短视频特效，例如，画婚纱、画头纱都是用这个软件制作的。

①超大数据库，拥有3000多种P图功能和美颜特效，1000多万个免费素材图片，以及超过300万张贴纸。

②可以对一张照片进行手绘处理，线条都是自己画出来的。给自己来个原创漫画头像吧！

（5）Inshot

Inshot上有丰富的视频转场特效，内置潮流音乐，可添加视频录音，可做解说、旁白等。用户通过软件自带的各种方便强大的功能可以轻松制作出自己想要的各种效果，同时还能一键分享到各社交平台。

6.2.4 色彩校正技巧：色彩更接近真实

作为一名内容创作者，无论拍摄什么视频都必须确保画面色彩准确，而画面的色彩又是最难把控的。第一，不同拍摄设备、镜头对色彩产生不同的倾向，在同一场景下，使用不同手机、摄影机拍摄出的颜色会有很大差别；第二，通过不同的显示设备进行观看，因设备不同，画面色彩也会有所差异，同一个视频在手机、电脑等终端呈现出的颜色也不一样。

为了保证视频画面色彩不失真，通常需要在拍摄时或后期剪辑中进行色彩处理。色彩处理是视频质量提升的重要一环，处理得好与坏，直接决定着视频对目标受众的吸引程度。那么，如何100%还原视频画面的色彩呢？

下面从拍摄、监看两个环节着手，分析短视频画面色彩处理的技巧，实现视频从拍摄到发布全流程的色彩管理。

（1）拍摄阶段：色卡

色卡，是视频得到准确颜色的一个必备的工具，它就像学习几何必须用尺子一样，是一个很好的参考，能保证整个拍摄流程颜色的准确性。色卡就是颜色的标准，有了统一标准，就可以对照色卡对颜色进行微调，以使不同设备、不同时段拍出来的视频颜色更加接近。

比如，在上午、中午、下午三个时间段分别拍摄同一场景，由于拍摄时间不同，画面的色温也会不同。这时色卡就起到重要作用了，匹配3个不同时段的色卡，就可以很快完成后期的剪辑和调色工作。

再比如，在同一场景下，使用不同设备进行多机位拍摄时，可以让每个机位都拍一个色卡，借助它对所拍的视频进行色彩校正，把校正结果应用到素材上，以匹配不同机位拍摄的素材，这样在后期制作时就不用花心思去匹配不同摄像机的颜色了。

目前，常见的色卡有如表6-2所列的4类。

表6-2　色卡的类型与作用

色卡类型	色块	作用
24色卡	4个色块，每个色块6种颜色，共24种。6个彩色色块、6个肤色色块、6个灰度色块、6个高亮/阴影色块	色块种类齐全，可以保证在视频拍摄时获得想要的色彩平衡
三级灰阶色卡	三个色块，分别为白色、40 IRE灰色以及黑色	获得准确的曝光和对比度，确保拍摄画面呈现出准确的中间调（如肉色）
对焦卡	/	确认或调整镜头的法兰焦距或后焦距。完成对焦测试后，可以用对焦卡对比测试同个项目所使用镜头的锐度
白平衡卡	/	白平衡是所有拍摄的起始关键，确保所捕捉的画面色彩更加一致，后期剪辑切换时也不会显得很突兀

（2）拍摄后：监看

拍摄完成之后，就进入后期制作阶段。这时，需要做一件非常重要的事情，即利用专业监看设备进行现场监看，对色彩进行校正。这是确保拍摄素材色彩精准的重要保证，也是视频在输出设备尽量保持原色的主要保证。

观看者使用的输出设备，可能会有人说："别人用什么设备看，我又控制不了，自己校正又有什么意义？"诚然，别人用什么设备看，我们控制不了，但我们可以尽量

内容变现：从0到1打造高收益内容创收模式

减少视频误差。如果视频一开始输出的是最佳状态，那最终不管在什么样的显示设备上，它看起来一定会比其他过曝或者过暗的好很多。这也会让我们的视频在激烈的竞争中多一些优势。

需要注意的是，在拍摄短视频之前，需要先花点时间校正监视器，保证画面的色彩是准的。因为后期校正无论做得多好，出来的色彩也是有误差的，而且这种误差不会消除，将直接呈现给目标受众。

6.2.5 视频剪辑：借助制作软件打造出彩画面

很多短视频并不是一气呵成的，而是通过后期制作，一点点剪辑出来的。这时，就需要借助剪辑软件，对加入的图片、音乐、特效、场景等素材进行重现，对视频源进行切割、合并，通过二次编码生成具有不同表现力的新视频。

那么，如何选择剪辑软件呢？目前这类软件市场上有很多，基本功能都大同小异，但不同软件有各自的特色功能，在具体选择上可以根据实际需求而定。

（1）乐秀：基本功能最全

如果你是一名新手，建议使用乐秀。这是一款Vlog剪辑与视频制作裁剪工具，其最大优势就是基础功能较全，而且操作也相对简单。经过简洁的几步，就可以将照片、视频制作成爆款视频，被誉为人人都会用的拍摄神器。

乐秀的基础功能，具体如表6-3所列。

表6-3　乐秀的基础功能

功能名称	功能解释
视频主题	提供多种视频主题模板，并可以快速运用于视频中
轻松涂鸦	在视频任意位置上涂鸦，想怎么画就怎么画
视频剪切	在视频的任意位置剪切，可以在任何位置剪切
艺术字幕	有App里最丰富的字体及字幕画框
画中画	在视频全屏播出的同时，于画面局部区域同步播出另一视频
智能转场	丰富的转场效果，精美视频必备
热门音乐	加入喜爱的歌曲作为配乐，支持自定义添加
添加马赛克	可以在视频需要遮挡的地方添加马赛克
海量素材	素材商店提供海量贴图，支持动态贴图
其他	视频压缩、视频转码MP3、快速剪切等各种便利工具

添加视频可直接发布，而且可选择不同"主题"，比如，旅行、亲子、生活等，如图6-18所示，选中某个主题应用于视频中即可。主题是一个模板，已经设置好字幕、

音乐和滤镜等，几乎包含了制作一个精美短视频的所有元素。

图6-18 乐秀不同的主题

如果想进行更精细的创作，则需要分步骤编辑，根据视频需求选择最适合的操作，比如给视频加特效，如加字幕、配音、加gif动图等。

（2）小影：有多项独家特色功能

小影是一款制作短视频的手机App，其最大优势是有多项独家功能。除了常用的视频美颜、动画贴纸、多字幕添加、配音/配乐等常规功能外，还有语音转文字、音频提取、一键大片、网红滤镜、炫酷特效等。如图6-19所示。

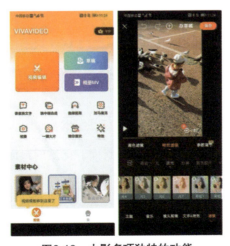

图6-19 小影多项独特的功能

小影的特色功能，可以最大限度地满足创作者制作炫酷短视频的需求，那么小影有哪些独家功能呢？具体如表6-4所列。

内容变现： 从0到1打造高收益内容创收模式

表6-4 小影的特色功能

功能名称	功能解释
炫酷特效	具有雷电闪鸣、科幻技能，各类炫酷特效等大片感十足的画面特效
网红滤镜	具有调色滤镜、特效滤镜、参数调节等独家滤镜功能
语音转文字	可将视频中的语音转化为文字
音频提取	可将音频中的声音提取出来，转化为文字
动画贴纸、气泡字幕	个性气泡字幕，字体、颜色、显示时间可随意调配
配音、配乐	内置多首热门歌曲，可自主添加本地音乐，加速还会变音
神剪辑	逐帧剪切、复制镜头、快/慢速镜头设置等，最全的剪辑功能
社区互动	小影的特色社区，任何人都可上热门

（3）剪映

剪映是抖音官方推出的一款手机视频编辑剪辑应用，带有全面的剪辑功能，支持变速，有多样滤镜和美颜的效果，有丰富的曲库资源。自2021年2月起，剪映支持在手机移动端、Pad端、Mac电脑、Windows电脑全终端使用。

剪映是伴随着抖音短视频平台这一先天优势发展起来的，迅速吸引了一大批剪辑小白、短视频创作者、视频自媒体们等用户。主要功能包括分割视频、变速、倒放、画布、转场、贴纸、文字设置、海量音乐曲库、变声、滤镜和美颜等功能。

除上述常用的3款软件之外，还有会声会影、快剪辑、巧影、爱剪辑等。

6.3 视频优化，提升视觉观看效果

6.3.1 确定封面

一则短视频，在展示时需要设置一个封面，优质的封面既能提升视频内容的美感，又有助于获得更多流量和播放量。

> **案例1**
>
> 某抖音主播，其视频封面非常有特色，采取的是统一风格：一个动态的猫咪，如图6-20所示，看起来非常有趣、可爱，吸引了大量抖友关注。同时，视频内容也非常有创意，让猫咪融入自己的日常生活中，搞笑、卖萌，然后再给其配音，获得了抖友认可。

图6-20 某萌宠类视频封面

上述案例中的封面非常有特色,即以与萌宠猫有关的画面作为视频的封面。萌宠本就易受人关注,易引起大多数人的共鸣,这类封面特别适合与萌宠有关的内容。

简单的封面是低成本获取流量的捷径,如果做得独有特色,得到曝光的机会就会大大增加。那么,如何选择封面呢?可以按照如图6-21所示的两个原则进行。

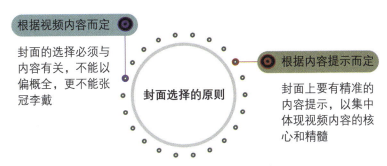

图6-21 封面选择的两个原则

在遵守以上两个原则的同时,还需要确定封面素材,即在整个视频中要选择最精彩、最关键的一帧作为封面。一般来讲,以下3个素材可以作为封面。

(1)作者本人照

将作者本人照片设为作品封面是一种深度人格化运营策略,看似毫无新意实则意义重大。由于视觉冲击比较大,很容易吸引别人驻足观看,能快速扩大作者在目标受众心中的影响力,打造自身IP,同时促使作品形成自己的独特风格。这种封面适用于专家、名人、专业人士,或在行业内有较大影响力的人。

(2)产品效果图

即直接展示产品效果。比如,美食类内容的菜品图,美妆类内容的使用效果图,非常直观。不仅可以大大刺激目标受众的视觉感受,还可以促使其打开内容,进一步观看/阅读,深入了解产品。

图6-22所示为抖音上某美食账号,视频全部是用美食作为封面。

(3)创意文字

在封面上添加创意文字是最常见的做法,很多时候文字更容易给人以深刻的印象,不仅可以美化画面,而且能够让目标受众在最短的时间里获得正文中的关键信息。值得注意的

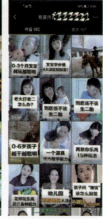

图6-22 某美食视频的封面 图6-23 某育婴师抖音视频

是,在添加文字时不能只是简单地配字,还要注意方法和技巧。

自媒体上每个人的注意力都是有限的,视频是否值得看,观众往往只需浏览关键信息就足以做出决定。繁杂的大段文字,不仅不会让观众多看一眼,反而会增加他们的烦躁感。

所以,在封面上添加文字时要学会提取关键信息,用简单明了的一句话表达出来即可,这样可以让目标受众很快抓住内容重点。图6-23所示为某育婴师的抖音视频,采用的就是提取关键内容的做法。

6.3.2 添加文案

文案是视频不可缺少的一部分,好的文案是短视频中的一大特色,能吸引粉丝眼球,还能加深对视频的印象,抖音、快手、B站等很多短视频成为爆款就是因为有出众的文案。

比如,抖音账号"新闻快车"发布的一条视频,标题文案是:海上漂流25天后上岸,惊呼"国内发生了什么"。如图6-24所示。

这样的文案不仅趣味十足,还充满悬念,进而引发人们纷纷点赞,甚至会成为热点话题。再例如,凭借一句文案就红遍半边天的"答案奶茶"。

图6-24 优秀的短视频文案

> **案例2**
>
> 答案奶茶是一款神奇的茶饮，一杯可以占卜的奶茶。买到奶茶之后，在奶茶杯的腰封上写上想要了解的问题，然后在心中默念五遍，拿到奶茶之后，揭开盖子就可以找到答案。
>
> 至于这个奶茶是如何占卜、如何切中用户问题进行回答的，在这里不详细阐述。因为它很可能是店家提前做足了目标消费群的心理需求调查，然后利用问自己去予以满足。
>
> 在抖音上有这样一条视频，其文案只有一句话："错过的人，如何挽回？"这句话非常有吸引力，目标受众看到这个文案就会迫不及待地想知道答案到底是什么？慢慢揭开奶茶盖子，发现了三个字："算了吧。"随后伴随着伤感的背景音乐，所有观看这个视频的目标受众都会很有感触。
>
> 答案奶茶为什么会火？就是因为每个问题都是一则绝妙的文案。

爆款短视频一定得配上绝妙的文案，哪怕是一个词、一句话，也足以带火一个视频，引发目标受众的共鸣。

文案做得很好，视频内容就会加分，目标受众看到之后不仅会被这个短视频吸引，还会打开你账号中的其他视频，把每个视频都看一遍。其实，这就是一种引流。抖音是一个用户量非常大的平台，每天活跃的用户成千上万甚至上亿。当一个好的文案能够吸引较大一部分人关注以后，就会被疯狂地模仿。在被疯狂模仿和传播的过程中，短视频播放量就会迅速增长，目标受众随之就会增加。

然而，做出一个优质的抖音文案越来越难，因为抖音已经运营了很长一段时间，经过这么长时间，内容开始出现同质化，出现大量雷同的短视频。目标受众在刷短视频的时候，若看到视频内容平平，根本就不会看完，直接会滑动到下一个视频。

那么，如何打造高质量的文案呢？这就需要掌握必要的技巧。

（1）即兴发挥

文案是一种创意，而创意往往就是头脑风暴的结果。相反，深思熟虑很难产生好的东西。有很多经典文案都是创作者的即兴发挥。

> **案例3**
>
> "成都最街坊"曾采访过一位女生。采访者问："你觉得男人一个月挣多少工资可以养活你？"
>
> 她回答："养活我啊，嗯，我觉得，能带我吃饭就好。"
>
> 随后该视频发布在抖音上，迅速火起来，被大量转发，女主人公抖音账号"小甜甜"粉丝很快就超过了500万人。

其实,究其原因就是随意的一句话,但就是这句话正好贴合了同龄人的心理,引起了情感共鸣,所以才能迅速引起众多目标受众关注。

(2)逆向思维

有很多话语本身就是经典,被大多数人熟知,但如果采用逆向思维,换个角度去说,也容易被人关注。例如,抖音上出现过"被动话痨"这样的文案。

> **案例4**
>
> 被动话痨/你不理我/我也不理你/你一理我/我话比谁都多/你一段时间不理我/我就想是不是/话多招人烦/然后回归高冷/但是你一旦又理我/我马上又开始说个不停。

被动话痨的灵感一定是来自"话痨"一词,话痨往往是主动说话,而这里的"被动话痨"则更有新意。同理,还有"七年未痒"和"七年之痒"、"假性佛系"和"佛系",这些都是创作者采用了逆向思维。

需要注意的是,虽然采用的是逆向思维,但所表达的意思一定要是正面的,不能歪曲原先的意思。

(3)有针对性创作

有针对性创作,即针对不同类型的视频采用不同的创作方法。

1)互动类:多提问

互动类文案就是通过增强体感反馈、剧情参与、内容探索等方式激起目标受众互动的兴趣。在互动类视频中,可应用疑问句和反问句,且多留开放式问题。

如果在短视频文案里面能够提出很多问题,目标受众在观看完视频以后,往往会在评论区留下自己对这些问题的回答,去与其他目标受众进行交流。这样,随着评论数越来越多,推荐的次数也会越来越多,自然就会吸引更多目标受众前来观看和讨论。

2)悬念类:表情、语气要夸张

很多创作者为了吸引更多的人观看,往往会拍摄一些比较有悬念的短视频,以此来吊目标受众的胃口,从而引起目标受众的好奇心和探索欲望,进而获得更高的评论和播放量。

而写悬念类的文案,需要注意的是语气要尽可能夸张,让目标受众产生浓厚兴趣,给予他们极强的震撼力。

3)搞笑类:字要精,要幽默

搞笑类的视频在众多视频平台都非常火爆,这类短视频文案也比较容易做。在做的过程中,必须要精细,字不能多,同时多加入些幽默元素,效果会更好。目标受众在观看的时候,不但能够开怀大笑,更能积累一些幽默技巧,在现实生活中应用。

4）段子类

段子类文案的魅力在于：往往写的只是生活中发生的接地气小事，却可以用文字带给目标受众惊喜。这类文案可以与视频无关，但需要有较强的场景感。

文案决定了目标受众是否会点开短视频观看，这是增加播放量最重要的方式。所以，做短视频必须先会做好文案，让视频内容更有看点。

6.3.3 添加音乐

音乐是短视频的重要组成部分，决定着视频的整体性和协调性。那么，应该如何选择音乐呢？这里有一些基本原则需要遵守。

在给视频配音乐时需要遵守两个基本原则。第一，选择热门音乐；第二，与视频内容要吻合，即时刻把握视频内容，根据内容选择最合适的。其中，第二点是重点，音乐风格与内容必须高度匹配。

> **案例5**
>
> 某用户在抖音上发布了一则家乡雨后美景的视频，画面就像一幅古代的山水画，意境深远。然而，视频配的却是一首西方音乐，尽管这首曲子曲调舒缓，是抖音上很火的，但由于与东方景色不是特别搭，关注的人就很少。
>
> 但选用了"镜花水月"这样的东方音乐后，此视频便火了起来。旋律空灵的音乐极其符合雨后雾气蒙蒙的意境，让人联想到"孤舟蓑笠翁""一蓑烟雨任平生"等古诗句，给人以强烈的美的感受。

因此，给视频配音乐要讲究匹配度。那么，如何寻找与视频高度匹配的音乐呢？具体有4种途径，如图6-25所示。

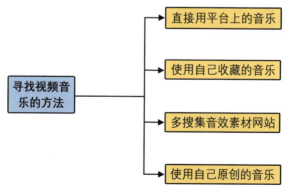

图6-25　寻找视频音乐的方法

（1）直接用平台上的音乐

短视频平台都有强大的音乐库。就像有些抖友所说：抖音上有从来不会让你失望的音乐，而且会对音乐进行分门别类，让创作者根据视频内容可以匹配与之相吻合的音乐。

（2）使用自己收藏的音乐

当无意间刷到一个很火的视频，想要使用该视频里面的配乐时，可以将其收藏起来。以抖音为例，直接点击抖音App左下角的抖音音乐标志，点击收藏；然后再进入"选择音乐"界面，点击"我的收藏"即可找到该音乐。

另外，还可以通过该视频的使用人数判断该抖音音乐的热度，然后在拍视频的时候按照上面的方法，进入"我的收藏"选择该音乐开拍。

（3）多搜集音效素材网站

在互联网上能找到很多音效素材网站，例如国内的爱给网、音效网等，国外的AudioJungle、Soundsnap等。这些网站里面有音效库、配乐库、影视后期特效、游戏素材等等，基本都是免费可商用的素材。

有了这些音效，包括人、枪、雨、说话、汽车、机械、恐怖、电话、飞机等声音。只有想不到的，没有找不到的。

（4）使用自己原创的音乐

原创音乐难度较大，但效果非常好，具有独有性，有条件的一定要做。用原创音乐拍视频，不但可以展现出视频独一无二的特点，成为热门概率也比非原创音乐要高得多。因为只要后台判断视频音乐为原创，那么，给的推荐量也会比其他视频多得多。

6.3.4 添加字幕

一条爆款短视频除了需要高质量的内容外，还需要有好的观看体验，而在视频上添加字幕可大大增强观看体验。为视频添加字幕通常有两种途径，一种是使用平台的字幕添加功能，另一种是借助第三方软件。

（1）使用平台的字幕添加功能

目前主流的短视频平台都有字幕添加功能。以微信视频号为例，该功能如图6-26所示，T字样就是字幕添加功能。另外，能对文字的字体、大小、颜色进行编辑，如图6-27所示，能满足创作者的基本需求。

图6-26 微信视频号字幕添加功能

图6-27 微信视频号字幕编辑功能

（2）借助第三方软件

大多数短视频平台没有字幕添加功能，或者功能非常简单，这时就需要借助第三方软件。

1）导入视频

借助第三方软件添加字幕需要先将视频导入进去，视频的导入方式又可以分为两种，如图6-28所示。

图6-28　短视频导入第三方平台的两种方式

2）字幕的录入

字幕的录入也有两种，一种是事先准备好文案，然后复制进去，或手写录入；另一种是对原视频语音进行转化与切分。

语音转化与切分可以自动添加，一般来讲，每个字幕软件都有自动识别语音转文字的功能。需要注意的是，有些时候在转化的过程中会出现错别字或无法识别的情况，那是因为视频在录制的时候，配音人员发音不标准。然而，并不是所有字幕拿来就可以使用，有时需要对其进行调整修改，或者根本没有字幕，需要对转化过来的文字进行校对。

3）字幕的设置

在录入字幕之后，需要给字幕添加一些效果，比如字号、字体、颜色等，全部设置好后直接导出视频，一个带有字幕的视频就编辑好了。

第 7 章 | **内容营销：
有效地开展内容传播与
推广**

　　内容创业者不仅要考虑内容的构建与撰写，同时还要做好内容的"外联"工作。即让内容能够接触到社交平台和目标受众，使内容得到很好的扩散和传播，蕴含的信息被目标受众有效接受。

7.1 内容营销概述

7.1.1 内容营销的概念

不是所有的内容营销人员都能充分了解内容营销的意义,数据显示,60%以上的内容营销策略是无效的。这一现象出现的部分原因是许多内容营销人员并没有真正了解内容营销。

内容营销带给内容创业者的好处毋庸置疑,那么,什么是内容营销呢?具体是指以图片、文字、动画等介质传达相关内容信息的一种方式,以树立消费者消费的信心,促进产品销售。

内容营销中"内容"是核心,它可以依附于很多载体,比如,自媒体爆文、广告文案、广告软文、短视频等,它有很多表现形式。

载体不同,传递的介质也各有不同,但内容营销的核心永远是一致的。简言之,核心就是以有价值的内容来带动产品营销。

7.1.2 内容营销的作用

依靠内容开展营销工作,重点是营销,内容只是一个辅助手段,作用是辅助内容创业者更好地进行营销,提高品牌知名度,提升产品销量,强化用户满意度。内容对营销的作用具体体现在3点,如图7-1所示。

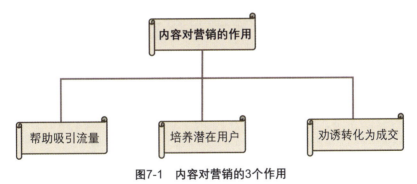

图7-1 内容对营销的3个作用

(1)帮助吸引流量

优质的内容会引起大量的关注,内容创业者通过内容营销换取点击回流,并凭借带链接的高质量内容被转载而提升在搜索引擎的排名。传统媒介成本提升,许多创业者更愿意将时间花在创作内容上,选择成本低的媒介发布。在移动互联网时代,消费者拥有对信息的绝对自主选择权,不再被媒介"劫持"。

面对网上泛滥成灾的信息,创业者创造具有吸引力的内容,吸引消费者主动搜寻关注才是冲出信息包围的关键。而且现在大部分潜在顾客都喜欢在网上浏览信息,所以基于互联网的内容营销比传统营销更有效。

(2) 培养潜在用户

有研究显示，消费者从接触新产品，到最终完成转化(下载、购买)，平均需要经过大约七次重复提醒。这很好理解，人们对陌生的事物总是持谨慎观望的态度，而对反复接触的熟悉事物则更能产生好感和信任。内容营销通过持续输出内容来反复"刷存在感"，在潜在用户脑海中植入根深蒂固的印象。

例如，脑白金"今年过节不收礼"这则经典广告，经常出现在电视、报刊、墙体海报中，网上各种平台也轮番播出。久而久之，就深入人心，成为老幼皆能张口就来的大众广告。结果就是，当很多人面对众多保健品品牌，而又不知道该怎么选择时，最终往往还是会选脑白金。

(3) 劝诱转化为成交

劝诱转化的方式既包括直接在内容中引导用户去做某事，如访问网站、关注微信公众号、关注短视频账号、订阅播客等，也包括在回流页面进行诱导，达到影响消费者购买决策的目的。

7.1.3 内容营销的关键

内容营销要求创业者能生产、利用有价值内容，吸引特定受众主动关注。重中之重是"特定人群的主动关注"，也就是说，内容营销要自带吸引力，得到消费者的关注。

那么，内容创业者是如何做好内容营销的呢？具体可以从如图7-2所示的4个方面做起。

图7-2 内容创业者做好内容营销的4个方面

(1) 了解自己的内容

了解自己的内容是做好内容营销的前提，这些信息无论来自内部还是外部，你都应该了解。可以先分析内容的性质，明确希望通过内容实现什么目的，然后再根据这个目的来确定为受众提供什么样的信息。

比如，如图7-3所示的情况。

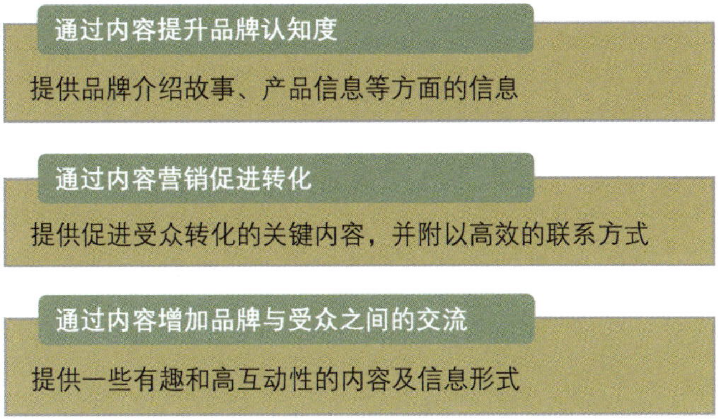

> 通过内容提升品牌认知度
> 提供品牌介绍故事、产品信息等方面的信息

> 通过内容营销促进转化
> 提供促进受众转化的关键内容，并附以高效的联系方式

> 通过内容增加品牌与受众之间的交流
> 提供一些有趣和高互动性的内容及信息形式

图7-3　内容的性质与为受众提供信息类型的对照

所有内容在发布及交付到受众前，都需要认真地考虑不同的内容策略及表现形式。

（2）让内容更有价值

当内容被目标受众足够地认识了解之后，创业者需要做的是让目标受众进一步去利用它，或在目标受众之间产生口碑效应，被更多人听到、看到。这时，就需要采取一些针对性措施，比如，看看自己的竞争对手在谈些什么，是如何进行传播的，然后通过调研、面访、座谈等方式，获得受众与品牌之间的一些信息和数据。这些都有助于获取更为客观和有价值的信息，让内容更完善。

（3）选择发布平台

选择合适的发布平台，首先要了解内容及目标受众在哪些渠道聚集活跃，然后集中精力在这些渠道曝光自己的内容；然后，通过客观数据、技术及经验跟踪这些内容发布的效果，因为你认为的目标受众聚集的平台，也许事实并不一定如此。为找到合适的平台，还需要持续跟踪，根据自身设定的效果标准，进行优胜劣汰。

（4）优化发布效果

在平台发布内容后，并不代表运营工作就完成了。其实远未结束！内容营销是一个循环的生态系统，需要持续运作、持续优化。

优化的方法包括页面seo、可读性、转换、测量设置等，具体如表7-1所列。

表7-1　优化发布效果的方法

序号	方法	具体内容
1	页面seo	页面seo是保证，在内容编辑过程中让内容构建符合优化需求。比如，让关键词集成到标题中，确保标题是有关的内容和关键字，并且网站关键词密度以及内容相关性都恰到好处

续表

序号	方法	具体内容
2	可读性	可读性是指利用一些编辑技巧和操作细节提高内容的可读性。比如，使用标题和副标题，设置好字体和行高，添加短段落和图像等，这些对内容可读性提升有极大的效果
3	转换	内容最终的目的都是为了达到转换率的提升，所以，在这样的目的驱动之下，需要充分利用内容与利益转化的链接，使内容更有针对性
4	测量设置	是指在内容发布后要不断监控和测量设置所带来的效果，这一过程中需要嵌入跟踪代码，确保任何内容是所生成的，包括信息图表、视频、微型网站等，然后根据客户的投资回报率设立目标，确保所获得的信息内容是最重要的一部分

7.2 适合做营销的3类内容

7.2.1 有效性内容

内容通过网络传播后，营销效果是十分惊人的，但并不是所有的内容都会在营销中得到大量传播。适合营销的内容有明确的特点，第一个特点就是有效性。

有效性是指完成策划活动和达到策划结果的程度。前面多次提到，我们无论是写自媒体内容，还是拍一段短视频，都是带有目的的。

比如，写一篇微信公众号软文，目的是宣传新品牌，提高新品的销量。为衡量软文的有效性，需要设置具体的指标来衡量，诸如显示量、阅读量、反馈率、转化率等。软文发布后，在预定时间内如果达不到这些标准，说明没有实现预设目的，那这篇软文即是无效的，即使语言很优美，主题很深刻。

可见，有效性是内容得以变现的一个主要标准，无效的内容没有任何价值。作为内容创业者在生产、创作内容时，一定要保证内容的有效性。那么，如何来保证内容的有效性呢？可以采用如图7-4所示的4个措施。

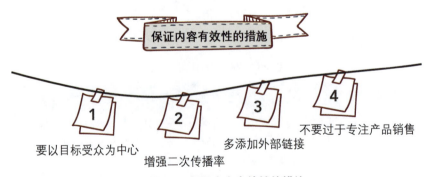

图7-4　保证内容有效性的措施

（1）要以目标受众为中心

内容营销目的是提供有价值的内容，并通过这一渠道与受众建立融洽的关系。因此，产出的内容需要以受众为中心，并为受众所接受。

例如，站在企业的角度，可能更对报表、行业趋势、产品功能感兴趣，所以写出的内容更倾向表达这方面的内容。但这些内容可能不是受众想要的，这样的内容发布出去后无法同受众产生共鸣，很有可能会石沉大海。这也是为什么企业视角中的好内容，往往不是受众心中的好内容。受众想要的是产品价格、使用体验、售后服务等。保证内容的有效性，首先就是要选对写作视觉，要以目标受众为中心，而不是内容本身。基于不同的视觉，写出来的内容效果是有差距的，具体如图7-5所示。

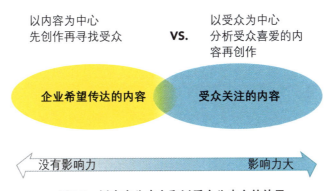

图7-5 以内容为中心和以受众为中心的效果

从图7-5中可以看出，离以受众为中心的内容越远，引发的关注越小。内容越贴近受众喜爱的内容，就会得到越多的反馈。

（2）增强二次传播率

一篇高质量的内容发布在一些知名网站上是比较重要的。如果一篇内容只发表在自己的博客上，那么看到的人数可能会非常有限，被转载或者引用的次数也极其有限。如果发布到知名度高的平台，那么效果将会大为不同，很多网站将会主动转载这些内容，就达到了传播的意义。

（3）多添加外部链接

有效的内容之所以有效，往往是因为有一定数量的外部链接。这些外部链接可以以多种方式获得，但是相比之下，较好的方式之一就是依靠软文，因为有些软文中允许带链接，这也是内容建设外部链接的首选。

但是有些平台不允许带外部链接，审核比较严格，这个时候我们也不用担心，因为可以带网址。在搜索引擎中，利用网址搜索也是很重要的一种方式。比如，有些网站在转载的时候去掉了链接，这也算是一个被转载所熟知的现象，所以这个时候完善内容就是比较好的解决方法。因为即使链接被去掉了，但内容中的关键词是不会被去掉的。

（4）不要过于专注产品销售

很多内容营销人员内容产出艰难，是因为要在内容中过度宣传自己的品牌，希望通过内容得到潜在客户的关注，并引导他们最终购买产品或服务。事实上，越这样就越容易事与愿违，在互联网全球化的今天，缺乏诚意的营销内容无法博得关注。

对于内容创业者而言，唯有沉下心来，了解受众需要什么，才能得到受众的青睐。而一旦内容变得"过分销售"时，则容易引发受众的逆反心理，这与内容营销的初衷背道而驰。

内容营销不是在做一个快速销售的工作，它的首要目的应该是通知和教育受众，其次才是将产品或服务卖给顾客。这是一个长期的营销战略，营销人员应该专注于实现长期目标，而不是今天的内容会带来多少的成单率。

7.2.2 可检索性内容

内容的可检索性核心是关键词的设置要科学、合理、便于目标受众搜索。关键词决定着信息搜索时的曝光度，深刻影响着内容的传播与推广。很多爆款内容之所以能引爆全网，很大一部分原因是搜索引擎对内容的推荐和展示。

关键词，能确保更多的受众通过搜索获取到自己所需的内容。那么，什么是关键词呢？顾名思义，就是能高度概括内容的相关字词。内容创业者在发布内容时，必须设置好关键词。在关键词设置上，有如图7-6所示的4个事项需要注意。

图7-6　设置关键词的4个注意事项

（1）明确关键词的类型

关键词的类型通常有4个，分别为相关关键词、长尾关键词、错误关键词和生僻关键词。具体如表7-2所列。

表7-2 关键词的4个类型

序号	类型	具体内容
1	相关关键词	即将与被搜索内容相关或相近的词作为关键词 如"2021年国内十大新闻",关键词可设置为"十大事件"
2	长尾关键词	是指那些搜索量极高的核心关键词以外的,与目标关键词相关/可以带来流量的组合型关键词。这是一种关键词组合的统称,又称之为大词,短词
3	错误关键词	将目标关键词可能拼错的词作为关键词。这是一种特殊的关键词,是为目标关键词可能存在的错误拼写而设置的,常用于同音词、通用词等
4	生僻关键词	结合内容提取一些独特的、竞争对手很少或者没有使用过的词作为关键词。这类关键词的优势是往往能最大限度地贴合用户体验,很容易占到搜索第一位,购买转换率也很高;劣势是面向的用户少,很难成为热点关键词

(2)设置标题关键词

标题是搜索引擎检索显示的基础,标题中植入的关键词可以帮助搜索引擎快速检索数据库。

标题除了要植入关键词之外,还要有亮点,能吸引用户点击导入流量,关键词排名会有提升。标题关键词植入,建议采用一组长尾词,可获得良好的排名,连续优化一组长尾词,对于核心词的搜索也会有很好的展示。

(3)做好正文关键词

正文部分的原创性和质量是展现关键词收录的基础。比如,百度、360、搜狗、神马等搜索引擎不断更新算法,倡导高质量的内容,内容原创度和质量是搜索引擎收录的门槛。内容被搜索引擎收录,检索关键词后才会被展示。

在正文中可以适当植入2~3个关键词,可以在段前、段中、段后,及链接到相关内容页。需要注意的是关键词的植入要自然,锚链接必须与内容相关,这样才能保证内容的可读性,和与锚链接的相关性。

(4)选择与内容匹配的平台

内容投放平台在关键词展示方面同样具有重要作用,因为平台与内容一样,也讲究相关性和对应性,还能锁定目标用户群体。

应该选择那些自身拥有较大用户群的平台。这类平台媒体权重相对较高,搜索引擎整体内容比较优质,更有利于被收录和展示,被收录后的排名也相对较高。比如,写了一篇汽车类的软文,却投放到母婴类的媒体平台,诸如此类的软文在关键词排行这一块就不会有很好的表现。

内容变现：从0到1打造高收益内容创收模式

7.2.3 准确性内容

准确性也叫准确度，即某一事件的准确程度。准确通常还有符合事实、标准和规则的意思，没有事实依据，违背事实常理的内容必然会遭到抛弃。

从这个角度讲，内容要想获得高传播，必须要实事求是，以事实为依据，确保所提供的信息是真实的、有客观依据的。正所谓"内容为纲，精准为王"就是这个意思。

> **案例1**
>
> 　　一个昵称为"农民某某"的网红王某，喜欢到各地拍摄老人的日常生活视频，发布在自己的账号上。2019年6月，王某为唐河县某村84岁老人温某拍摄了几条视频，同步发布到抖音、西瓜视频等平台上。
>
> 　　由于视频标题"农村90岁老人去侄子家要馒头吃，为啥会空手而归？看老人咋说""农村90岁老人每天都吃不饱，他最想吃的东西是啥？听完心酸了"特别具有煽动性，而且视频中多次提到老人"侄子"有虐待的敏感信息，很快就引发了大量关注，播放量高达两三百万次。有的网友看完视频后，义愤填膺，直接将矛头对准了老人侄子，留言区也多是对其的攻击。
>
> 　　事实上，这几条视频都是王某杜撰出来的，歪曲了事实真相，给当事人带来了极大的伤害和困扰。最后，王某被温某侄子告上了法庭，一审判决，要求王某10日内删除所有侵权视频，并在原发布视频平台公开赔礼道歉，赔偿经济损失、精神损失费两万元。

随着短视频以强势之姿挺进人们的视野，虚假视频越来越多。一些营销号为赚取流量，吸引眼球，捏造事实，拍摄一些负能量视频，主角大多是孩子、小动物、老人、弱者，再配上卖惨文案，利用大众的善心博同情、博关注。这类账号很容易被平台识别出来，当作低劣账号被封。

内容创业者无论做任何内容，都要承担起一定的社会责任，坚持正确的舆论导向，弘扬和传递正能量。无论是从国家层面，还是从平台层面，对于一些违规、虚假、违背公共伦理道德和行为的内容，都应严厉打击。

7.3 内容营销的技巧

7.3.1 以用户需求为导向

好的内容必定是以用户需求为前提的，因此，在做内容之前，要从多个渠道去获取内容，并对获取来的内容按需求进行取舍。

为了使内容与目标受众需求更加匹配，内容创业者要对生产的内容进行分析、总结和筛选。具体可以从以下两个方面的工作做起。

（1）坚持以用户需求为中心

在做内容之前需要搞清楚一个问题：这个视频是围绕企业品牌产品来做，还是围绕用户需求来做？很多企业认为答案是前者，即围绕产品利益、产品特色去做内容。

其实，这是错误的，内容一定要围绕用户需求去做，以用户需求为中心，从用户需求的角度出发，然后再结合品牌和产品的特点。千万不可一味地只推送企业自己的内容，因为只有用户需要从中获得自己想要的东西，他们才会更加忠实于品牌和产品，才能进一步产生购买欲望。

（2）充分了解用户的需求

用户需求是出发点和落脚点。在发布视频前，一定要想想自己的产品核心价值是什么？产品的定位是什么？知道了核心价值和定位才能知道用户需求什么样的内容。想想产品的目标用户需求是谁。知道了用户需求是谁，思考这些用户有什么样的特征，想想他们可能对什么样的内容最感兴趣，最迫切需要。想想产品的竞争对手有哪些，他们是如何做内容的，优、缺点是什么。

具体可归结为3个问题，即了解产品、了解用户需求、了解竞争，如图7-7所示。

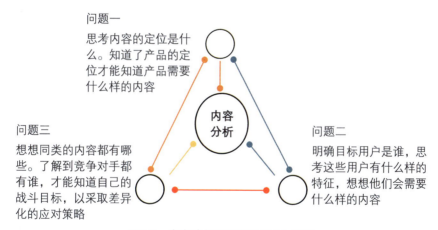

图7-7　内容分析需要解决的3个问题

以上三个问题有助于内容创业者了解自己的内容，了解目标用户需求，让内容和需求更加匹配。这也是内容创业者必须做的定位工作，前期定位越清晰、越精准，内容越容易被认可。

7.3.2　体现营销意图

变现性内容需要融入营销任务，体现营销意图，达成以文代销的目的。因此，内容创业者做内容是需要有目标的，每一篇文章、每一个视频都要有明确的任务，无论怎

内容变现：从0到1打造高收益内容创收模式

样写都是为了实现营销目标。

在内容中实现营销的目标有三种：第一种，直接做广告，宣传销售产品；第二种，营造销售氛围，为销售做铺垫；第三种，改变消费者认知。如图7-8所示。

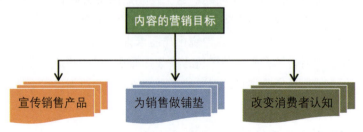

图7-8　内容体现营销意图的3种方式

（1）宣传销售产品

在内容中体现营销意图，最常用的方式就是围绕产品去写，通过文字技巧对产品进行直接宣传和销售。最典型的就是产品软文，软文最终目的是卖产品，文中不但有对产品的介绍，有时还附有购买链接、支付功能等，有助于目标受众进行一站式消费。

> **案例2**
>
> 高露洁推出一款含"盐"的牙膏，"盐"是该产品的特色所在。图7-9所示为高露洁抖音官方账号宣传这款产品的截图，文案是这样写的：
>
> 牙膏界"盐"值担当诞生！给牙齿来一场天然水晶盐的美白泡泡浴，一刷还原美白笑颜！

图7-9　高露洁抖音账号文案宣传截图

上述文案重点体现"盐"的特点，并将"盐"与"颜"谐音，兼具颜值与实力于一体。产品文案核心是对产品进行描述，能让目标受众对公司产品有更深入的认知，更有效地把产品价值传达给目标受众。

那么，类似产品软文这些内容，为什么对产品销售有如此好的促进作用呢？在解释这个问题之前，我们先来分析准消费者在购买前后的需求变化。准消费者在做出购买决定前后需求大致会有这样的变化：

获得产品基本信息→全面深入了解产品→对比同类产品优劣→做出决定（利大则成交，弊大则放弃）。在这个变化的过程中，内容所发挥的作用就是将产品信息展示给目标客户，并促使其下定决心购买。通俗来讲，我们不能一味地说产品好，必须采用一种大多数人都可接受的方式，让他们认为产品的确好，这就是这类内容的价值所在。

（2）为销售做铺垫

体现营销意图的第二种方式是为销售做铺垫。这种方式不是直接卖产品，而是在产品介绍的基础上，利用内容营造消费场景或意境等，激发目标受众的购买欲望，间接地带动产品销售。

这种方式类似于广告，下面是苹果官网上一则介绍iPad Pro的文案。

> **案例3**
>
> 乔布斯一直强调，苹果的产品设计来源于技术与艺术的交叉，除了强调良好的技术工艺，苹果产品更体现一种人文关怀。
>
> 苹果产品的文案设计也是如此，情感语义化很强烈，尤其是字号大的标题文案。如图7-10所示的展示页面，既强调了产品"快"的功能，又在情感上柔和过度，"雷雳端口，做事雷厉风行。"这就是意境的营造，用户一看到这几个字，就什么都明白了。

图7-10　苹果iPad Pro的广告文案

利用内容来改变目标受众对产品的认知，是最主要的目标。对于内容创业者而言，绝大部分也都是基于这个目标而进行的。

（3）改变消费者认知

好的内容可以改变消费者的认知，让产品在消费者心中占据最有利的位置，使其成为某个类别或某种特性的代表。这样，当消费者产生相关需求时，便会将定位品牌作为首选，也就是说这个品牌占据了这个定位。

例如，江小白为什么被很多年轻群体认可？因为这款产品的"多愁善感"让年轻群体产生了极大的共鸣，如图7-11所示。很多消费者正是认可这款产品的情感意境，才成为其忠诚粉丝，购买这款产品。

所以真正好的内容并不是对产品进行宣传、推广，将产品卖出去。而是营造一种购买氛围，解决用户痛点，给

图7-11　江小白多愁善感的文案

用户新鲜感，打破用户原有的消费习惯思维，改变其消费理念和认知，逐步认可产品品牌价值。

7.3.3 插入营销活动

内容要想很好地变现，本质上并不在于创意、文采和生动，而是看能否服务于品牌，能否服务于营销战略。成功的内容，在以流畅的文字、深刻的内容吸引人的同时，更是好的营销战略的一种体现。

利用内容做营销活动，如新品发布、产品促销、网络营销、爆品打造等，目的是制造与目标受众接触的机会，更好地满足目标受众需求，加深他们对品牌和产品的认知，提升品牌影响力。那么，如何实现这一目标呢？一个主要的方式就是在内容中"插入"营销活动，许多优秀的公众号内容都是按照这样的思路在做。

某酒店中秋节期间，在其公众号上发送了一篇非常有创意的内容：《月亮，我恨月亮！》。该内容基本上就是沿着这样的思路进行撰写的。

> 案例4
>
> 《月亮，我恨月亮！》具体内容如下：
>
> 有人唱过："我承认都是月亮惹的祸，那样的月色太美太温柔，才会在刹那之间只想和你一起到白头"。
>
> 在电影《九品芝麻官》中，钟丽缇被窗外皎洁的月光吸引得无心睡眠，惹得周星驰只好发出："我恨月亮！"的感叹。
>
> 月亮的错，错在她温柔的月光让人难以辜负，宁愿舍弃睡眠，也要静静地与她相伴……

该内容开头借人们对于"月亮"的情感，引出了中秋节期间人们对家乡、亲人的思恋，从而确定了"中秋节回家"的基调；而后营造了一幅赏明月、品美酒的美景，引发目标受众的共鸣。

　　清风拂来，朗月当空
　　出外简简单单地赏花或赏月
　　都已对不起这太美的月光
　　在无眠的温柔夜晚
　　与恋人窝在床上
　　看月光从窗外撒进房间
　　再品一口美酒
　　在月下温柔一睡
　　将浪漫最大化
　　才不辜负这太美的月光

最后由赏月过渡到预订"赏月房",植入"抢房活动",引导目标受众积极参与。

该案例就是在内容中植入营销活动的典型,既介绍了中秋期间的业务,也加深了酒店服务在目标受众心中的印象。

那么,内容创业者应该如何做呢?具体有如图7-12所示的3个技巧。

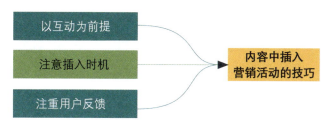

图7-12 内容中插入营销活动的3个技巧

(1)以互动为前提

在内容中植入营销活动,不能硬性植入,而是要做好互动。让受众在互动的同时潜移默化地接受活动信息。需要注意的是,互动时要注意互动内容的选择,要有价值,让受众感到值得参与。每个人都希望得到有价值的信息,要做到你无我有、你有我精。

例如,银行在理财内容中植入业务推广活动,如理财产品推销活动。直接介绍活动,效果肯定不好,但是如果能够与特定的情节结合则会有不同的效果。

例如,与父亲节结合,体现出了"理财有道,亲情无间"的主题。用户看到这样的活动肯定觉得很有人情味,也乐于参与。

(2)注意插入时机

影响营销活动插入效果的除了互动之外,还有一个主要的因素,那就是时机。即在什么时候推送会得到更高的关注。对此,节假日是内容营销的绝佳时机,针对某个节假日,设定特定的营销活动。

在这里需要注意的是,所谓节假日可以是法定的,比如春节、中秋节等;也可以是大众日常生活中约定俗成的、具有特殊意义的日子,比如双十一、618、七夕等,以及一些其他的节日,商家要借助这些特定的日子策划相应的活动。

(3)注重用户反馈

反馈是为了用户加深对内容的体验,从而形成良好的阅读习惯。这就涉及信息的反馈问题。读者看了一篇内容,一定有进一步反馈的欲望。这时,就需要打造一条畅通无阻的反馈通道。既不能过多,让用户产生疲劳感,更不能太少,以致用户在这次互动过后就销声匿迹。

反馈可以分为定期和不定期两种。定期反馈时间相对固定,频率比较好掌握,两天一次,或三天一次。如某餐厅每周六、日都会定期举办抽奖吃大餐活动,这样一来每到周六、日就会有用户主动参与。

不定期的反馈虽时间不固定，但也需要有一定的规律性。比如，每个月至少互动一次，一次持续几天等，以有利于用户参与习惯的养成。最好提前公布，让更多的用户获悉相关信息。

综上所述，在内容中植入营销活动是非常有讲究的，但必须注意方式方法，按照一定的规律进行，只有这样才能引导目标受众持久关注。

7.3.4　巧妙植入产品

变现性内容之所以能够变现，主要就是内涵产品信息。很多内容都直接或间接地植入对产品的宣传，无形中引导着大众的消费舆论、消费导向，甚至消费潮流，推动一款产品或者一个行业的发展。这就是内容营销的价值所在。

在内容中植入产品信息的方式主要有两种：

第一种是硬性植入，通常是指直截了当地植入。传统方式是用新闻报道、专访、访谈、评论等形式，直接对要推广的产品或者服务进行描述或者评论。而在微信软文中最常见的做法是链接"阅读原文"。

经常看微信公众号推送内容的人可能会发现，在文章末尾常有这样的提醒：需要购买的朋友请点击下方蓝字"阅读原文"，同时常常带有三个"↓↓↓"这样的动态标志以强化提醒。当目标受众点进去之后，一般是链接到直接获得客户邮购地址等信息的页面；而其他的公众号，内容后面会有"猛戳"提醒的"阅读原文"，即企业或商家常设的广告或购买页面链接。

还有一种比较"硬"的植入方式，是在文章的结尾处链接商家的微店、网站首页、可直接购买（付款）的其他界面，目标受众按照提示点击链接即可进入。或在文章结尾附上二维码，只要关注二维码即可进入指定界面，如图7-13和图7-14所示。

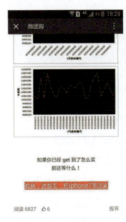

图7-13　产品信息植入：添加链接　　图7-14　产品信息植入：添加二维码

第二种是"软"植入，需要事先设置好"温柔陷阱"，使产品信息不露声色，巧妙融入内容之中。当然，完全地不露声色也太难，因为目前目标受众对软文已经有了相当高的免疫力。这就像看央视春晚，很多网友就是在瞪着眼睛找植入广告。因此，即使是"软"植入也不需要特意隐藏广告信息，否则会因为"太软"而失去意义。

总的原则是，只要不影响阅读效果即可，大多数目标受众还是可以接受的，只是不要植入得太生硬即可。

那么该如何植入呢？有两点需要格外注意，一是时机，二是方式。

（1）时机

广告该什么时候植入？大家公认的是开头部分。其实并非如此，通常来讲，一篇完整的软文有标题、推荐语、开头、正文和结尾5大部分，广告的植入最恰当的地方就是临近结尾，或直接点明、或以链接的方式植入。

当然，这只是通常情况下的做法，并不意味着任何时候都必须这样做。受众对植入广告的接受度，是随着植入部位的变化而变化的，由标题到结尾，由低到高呈斜线不断上升趋势，标题处最低，结尾处最高，如图7-15所示。

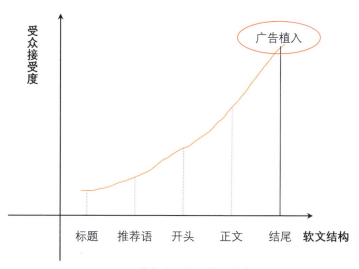

图7-15 软文广告植入的最佳位置

（2）方式

植入方式直接决定着软文的宣传效果，过于明显或过于隐蔽都有可能导致效果弱化。把握好这个植入的"度"，需要灵活运用植入方式。在植入时，以下6种方式是运用得比较多的，具体如下：

①将产品信息以举例的方式展现，可以适当展开。

②借用第三方身份，比如某专家称、某网站的统计数据、某人的话，但一定要是真实的，引入的文字也不要太长。

③以标题关键词形式植入，多应用于网络门户软文。内容中将植入的关键词拟人化，如"泉之媒认为……"。这类植入方式尽管没有太多地融入产品信息，但是因为关键词及内容多次带有产品、商标或者公司名称，既能传达一种理念，又能达到被百度检索收录的效果。

④故事揭秘形式，这种方式多应用于论坛软文，开始就围绕植入的广告讲故事，一切都是以广告为线索展开。这种植入尽管非常容易让目标受众意识到是软文，但是只

要故事新颖，目标受众还是愿意一口气看完的。

⑤版权信息的方式，这种方式最简单实用，能够合理、公平地将企业产品和企业品牌用故事来表达。只需要找出潜在客户群体，找出他们感兴趣的话题，原创或者伪原创相关话题的内容，内容中不需要刻意琢磨如何植入广告，在内容结尾处加入版权信息即可。如"本文为泉之媒原创，如需转载请注明出处"。

⑥文本图片植入，能够在内容中插入企业LOGO、产品LOGO或者水印，产品用图片加软文的方式来表达或者描写。只要雅观，就会产生自然的植入效果。或者配好企业宣传用的动静相关的图片。牢记：好的图片可以吸引有相同爱好的用户，授予品牌人情味，广告植入得更自然，使品牌与用户兴趣牢牢地联系在一起。

植入要推广的关键词或链接，这是写软文的目的，但是如何植入却是一门艺术，必须做到自然。

7.3.5 注入社交元素

衡量一个内容的好与坏，有两个硬性的指标。第一个是点击率，被点击得越多，说明内容越吸引人；第二个是转发率，一个好内容如果具有很高的价值，或者对目标受众有某种意义，那么转发率一定会很高。

在内容的打造上，必须围绕提升这两个指标进行。在这里，介绍一种增强内容阅读量、传播率的方法，那就是加入一些社交性内容。因为社交的发展，现在很多内容创作者都开始进入转做社交，纵观目前的内容，都或多或少地在与社交接轨，还有些内容直接围绕社交来做。

作为内容创业者，也要迎合这一趋势，在内容中多注入社交元素。那么，如何注入呢？可以采用如图7-16所示的3种方法。

图7-16　在内容中注入社交元素的3个方法

（1）与目标受众进行情感交流

与客户目标受众进行情感交流很重要，让目标受众感觉到这个内容是有情感的，并不是一个只做冰冷的营销、推广。例如，有些内容通过细节传递一些温暖、有意义的信息，会瞬间感染目标受众。

(2)与目标受众分享幕后信息

大多数内容只写幕前的信息，这已经是最常见的产品营销方式。不过，并非需要每一点都只专注于产品，有时候爆料一些幕后信息，把目标受众带到幕后，让客户参与进来，并让客户说说对品牌的哪个方面比较感兴趣，如果能建立该方面的分享专区，更有利于目标受众与产品建立特殊的关系，更深入地了解产品。同时，幕后信息更有话题性，便于目标受众之间的口口相传。

那么，幕后信息常常包括哪些内容呢？具体如图7-17所示。

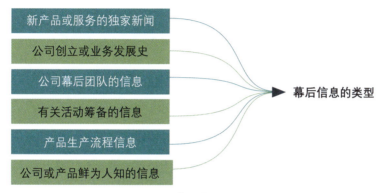

图7-17　幕后信息的类型

(3)与目标受众以对话的方式进行沟通

以对话的方式与目标受众进行沟通，是增加内容社交性的一种最有效的方式，更加有利于充分思考目标受众需求是什么，生产出他们想要的内容。

内容文字虽然是静止的，但千万不要让看内容的人陷于一潭死水。因此，在内容描述中建议添加互动性内容，这主要是为了增加内容价值，让目标受众主动点击。

社交性内容非常多，当然，也需要结合具体产品。例如，健身商家可以推送健身计划，厨房用品商家可以推送菜单，硬件品牌可以发布关于DIY的推送，装修品牌可以发布关于DIY点子、装修计划等方面的推送，买家秀也是唤起人们注意产品的好方法。

7.3.6　引导目标受众转发

转发是内容推广的最主要的一种形式，通过转发可使内容得到迅速扩散。通过多个途径，包括微信群、朋友圈等向目标受众传播，然后再通过目标受众的互转进行更大范围的传播，从而产生强大的传播效应。

(1)朋友圈

朋友圈是微信软文向外传播和扩散的主要阵地之一，很多微信软文都是先在朋友圈火起来的，微商最喜欢的也是朋友圈。

朋友圈软文通常有两种，一种是直接产生于朋友圈的软文，另一种是转自微信公

内容变现：从0到1打造高收益内容创收模式

众号上的软文。关于这两种软文的例子有很多，我们之前已经多次讲到。无论哪种软文，它们在朋友圈内的传播都是一样的，主要是通过好友的转发与分享。你的微信好友越多，软文被转载和分享的概率就越大，形成一个自传播的良性循环。

> **案例5**
>
> 每个微信好友都有若干个群成员好友，多则几千，少则几十。这些人通过朋友圈相互关联，变成了一个可以互联互通的庞大群组。如，甲有100个微信好友，而这些好友又各自有100个好友，甲的软文被任何一个好友转发，无形中就会多出100个好友，假如甲的软文被30个人转发，那么潜在目标受众就会多达3000多个。按照10%的转化率计算，甲一下子就有了300个用户。这尚且只是一次裂变，如果经过两次、三次，甚至多次呢？这个数据就像滚雪球，越滚越大。

朋友圈就像一个个水塘，水塘与水塘之间总有一个或几个出水口相连，这些出水口保证各个水塘之间的水可以畅通无阻地流动着。内容就是水塘中的水，只要找准了出水口，就可以流向相连的水塘。

不过，玩转朋友圈却不是这么简单的，想要将软文在朋友圈做得有影响力，还需要结合一些推广方法。

（2）微信群

微信群是腾讯公司推出的一个多人聊天交流的平台，任何微信用户都可以创建自己的群，创建后邀请自己的好友到群里聊天。同时，微信群内的群成员也可以相互邀请，各自添加为好友。

微信群的特点：

①部落性：群就像一个部落，成员是有着共同的价值观、需求、目标的群体聚合。

②沟通方式多样化：微信群的沟通是多样的。你可以选择图文、视频、名片、语音等多种沟通方式。

③100%传达的沟通形式：只要在有网络的地方，成员能够时时接受微信群内的消息，传达率达到了100%。它不受空间、时间、距离限制。

④1对N、N对N的沟通形式：在微信群内聊天时可以用1对1、1对N、N对N、N对1的方式来进行沟通，这比短信、电话1对1的形式方便很多。

微信群的这些特点为信息传播进一步提供了客观条件，利用好微信群，能对提高软文阅读量，带动产品销售等起到重大的作用，从而间接带动企业业绩的提升。

每个平台都有自己独特的特点，也有着适合的人群，想要借助微信群做软文还需要结合它的特点。

7.4 内容营销的方式

7.4.1 口碑营销：内容呈"辐射状"扩散

随着互联网、移动互联网的发展，口碑传播途径也在发生着变化。传统的口碑营销是指通过朋友、亲戚之间的口耳相传。现如今口耳的功能逐渐弱化，网络工具、移动互联网工具取而代之。新的传播工具让口碑就像雪球，在互联网这个信息道路上越滚越大。

口碑营销作为一种营销形式，还包含很多市场营销的战术、实施技巧，其中口碑营销方案策划就是一个不可忽视的技巧。

但是如何获得大众的良好口碑，并让他们主动自觉地、心甘情愿地去传播呢？这就需要制订口碑营销方案，方案的制订策划有4个关键，需要特别注意。

（1）创意要独特

同样一件事情，同样的表达方式，第一个人做是创意，第二个人做是跟风。独创性的计划最有价值，跟风型有时也可以获得一定效果，但要做相应的创新才更吸引人。如果再有第三个人去做同样的事情，可以说就没任何价值，甚至会遭人反感。

最有效的口碑营销是独具个性的，口碑营销吸引人之处就在于其创新性。因此，在方案设计时需要特别注意的是，如何将信息传播与营销目的结合起来。如果仅仅是为用户带来了娱乐价值（例如一些个人兴趣类的创意）或者实用功能、优惠服务而没有达到营销的目的，这样的口碑营销计划对企业的价值就不大了。反之，广告气息太重，可能会引起用户反感，影响信息的传播质量。

（2）对信息源和传播渠道进行配置

口碑营销信息是用户自行传播的，但是这些信息源和传递渠道都需要进行配置。例如要发布一个节日祝福的Flash，首先要对这个Flash进行精心策划和设计，使其看起来更吸引人，并且让人们更愿意主动传播。

仅仅做到这一步是不够的，还需要考虑这种信息的传递渠道，是在某个网站下载（相应地在信息传播方式上主要是让更多的用户传递网址信息），还是在用户之间直接传递文件（通过电子邮件、IM等），或者是这两种形式的结合？这就需要对信息源进行相应的配置。

（3）讲究发布技巧

信息并不是发布出去就完事了，还需要掌握技巧。不要看口碑传播最终的范围很广，但最先都是从比较小的范围内开始的。如果希望口碑营销可以很快传播，那么必须先着眼小范围的传播，做好小范围传播的工作，如认真筹划原始信息、优化发布流程和途径、对最先传播者进行激励等，以保证原始信息发布后能马上被用户发现，并自发地传播。

例如，有些网络社区，它们会通过多种措施吸引用户的注意力，目的就是激发他们转发、分享的欲望，以使信息能够到一个较大的范围内主动传播，等到自愿参与传播的用户达到一定数量之后就会形成自然传播。

（4）圈定传播者

口碑传播，由谁来传播是关键，即要找准传播者。通常来讲，口碑传播者有三大类，如图7-18所示。

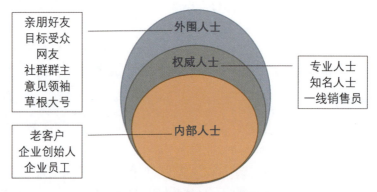

图7-18　口碑传播者的3种类型

处于最核心圈层的内部人士是首选，也是必选；而后是行业内的权威人士；最后的选择才是团队影响者，即外围人士。但这并不意味着外围人士就不重要，由于其数量多，人际关系网广，起决定作用的往往都是外围人士。

7.4.2 事件营销：内容结合热点事件传播

事件营销是指内容创业者通过策划、组织和利用具有新闻价值、社会影响以及名人效应的人物或事件，吸引媒体、社会团体和消费者的兴趣与关注，以提高企业或产品的知名度、美誉度，树立良好品牌形象，并最终促成产品或服务的销售的手段和方式。

这种营销方式具有受众面广、突发性强，在短时间内能使信息达到最快、最优的传播效果，逐渐成为内容营销的一种主要形式。

事件营销的切入点常用的有3个，具体如图7-19所示。这3个切入点都是消费者最关心的，具备较高的社会价值、传播价值和公众影响力。

图7-19　事件营销的3个切入点

（1）支持公益事件

公益切入点是指通过对公益活动的支持引起人们的广泛注意，树立良好企业形象，增强消费者对企业品牌的认知度和美誉度。随着社会的进步，人们对公益事件越来越关注，因此对公益活动的支持也越来越体现出巨大的广告价值。

> **案例6**
>
> 可口可乐曾开发了这一系列创意的二次利用活动，并率先在越南地区实行，即消费者购买可口可乐时赠送喷头或是一些教程，教消费者如何利用废物。由于相对欧美等国家来说，越南比较贫困，对这种废物利用更有需求，支持公益营销活动效果非常好。再如，某婚庆公司免费为老人举办金婚仪式。这都是消费者看得到、摸得着的实实在在的产品和服务。

在营销战略同质化的今天，许多企业想到了运用公益营销打开品牌传播的新途径。企业通过公益活动，不仅能够增加社会的公共利益，而且能够使公司的形象有所提升，很多大公司在制订长远战略时都将公益事业作为一项重要内容来考虑。从这一点来看，公益事业已经成为企业经营策略中的一个不可忽视的组成部分，是树立企业品牌形象的一项重要举措。

（2）搭车热门事件

这里的热门事件是指当前大众广泛关注的事件。内容创业者可以及时抓住聚焦事件，结合企业的传播或销售目的展开新闻"搭车"、广告投放和主题公关等一系列营销活动。随着硬性广告宣传推广公信力的不断下降，很多企业转向了公信力较强的新闻媒体，开发了包括新闻报道在内的多种形式的软性宣传推广手段。

在聚焦事件里，体育事件是进行营销活动的一个很重要的切入点。内容创业者可以通过发布赞助信息、联合运动员举办公益活动、利用比赛结果的未知性举办竞猜活动等各种手段制造新闻事件。

> **案例7**
>
> 金六福与中国体育紧密合作，与中国奥委会建立了长期战略合作伙伴关系，通过支持各种非奥运项目和群众体育项目，相继成为中国奥委会合作伙伴、第二十八届奥运会、第二十一届大运会、第十九届冬奥会中国体育代表团唯一庆功白酒，获得"中国男足世界杯出线专用庆功酒"称号，大大提升了品牌的知名度和美誉度。

由于公众对体育竞赛和运动员感兴趣，他们通常会关注并参与其中的企业品牌。同时，公众对于自己支持的体育队和运动员很容易表现出比较一致的情感。一旦抓住这种情感，并且参与其中，就很容易争取到这部分人的支持。

（3）公关危机事件

处于变幻莫测的商业环境中，时刻面临着不可预知的风险。如果能够进行有效的危机公关，那么这些危机事件非但不会危害自身，反而会带来意想不到的广告效果。

一般说来，危机主要来自两个方面：社会危机和自身危机。社会危机是指危害社会安全和人类生存的重大突发性事件，如自然灾害、疾病等；自身危机是因管理不善、同业竞争或者外界特殊事件等因素带来的生存危机。据此，可将危机公关分为两种：社会危机公关和自身危机公关。

当社会发生重大危机时，内容创业者可以通过对公益的支持来树立良好的社会形象，这一方面前面已讨论过。另一方面，社会危机会给某些特定的内容创业者带来特定的广告宣传机会。以生产卫生用品为主的威露士在"非典"期间大力宣传良好卫生习惯的重要性，逐渐改变了人们不爱使用洗手液的消费观念，一举打开了洗手液市场。

现实中不乏这样的案例。例如，在数次自然灾害中，手机成为受害者向外界求助的重要工具。中国移动利用这样的事件，打出了"打通一个电话，能挽回的最高价值是拯救生命；修通一条线缆，付出的最高代价是献出生命"的广告语，其高品质的网络服务更是深入人心。

7.4.3　精准营销：用大数据加强内容的针对性

"大数据"和"互联网+"的到来，为营销提供了全新的思维方式：精准营销。大数据具有体量大、速度快、时效高等特点，对营销理念和方式的变革非常大。使用者可以通过现代信息技术，挖掘隐藏着的海量数据，通过对数据的分析实现精准营销。

就内容营销而言，这里的"精准"包括两层含义，一是可以精准地优化内容，二是可以精准了解目标客户兴趣，有效挖掘目标客户需求。

> **案例8**
>
> 以抖音短视频为例，经常玩抖音的人都知道，抖音系统会定期为运营者提供非常全面的数据，如图7-20所示。数据中心包括作品数据和粉丝数据，作品数据是针对视频内容而言的，包括投稿活跃度、播放量、完播率、互动指数、粉丝净增等；粉丝数据包括粉丝净增量、粉丝性别分布、粉丝年龄分布、粉丝兴趣分布、粉丝地域分布、粉丝活跃度等。通过分析这些数据，可以了解自己的账号，以及某个短视频在某段时间内的运行情况。
>
>
>
> 图7-20　抖音短视频数据中心

需要注意的是，在实际分析时不必对每项数据进行分析，而是挑选表现最明显的一组或两组。接下来结合一个具体的抖音短视频进行分析。

> **案例9**
>
> 如图7-21所示的这则视频截图，表现最明显的两项数据是点赞量和播放量，图中显示点赞量6.1W，后台显示播放量60W。
>
> 点赞量与播放量的比例达到10%以上，表面上看这是一则非常好的视频。实际上恰恰相反，一个视频如果点赞量高，而播放量低，并不是好现象，说明视频缺乏持续性。
>
> 下面再进一步分析一下数据就明白了，如图7-22所示的视频点赞量分布图显示，点赞量绝大部分来自视频的前4秒，整个视频长达12秒，点赞却大都来自前4秒，这说明粉丝很有可能只看了视频的1/3。这也预示着低完播率，完播率低的视频是得不到平台流量扶持的，难怪这则视频发布后只持续了10多个小时。
>
>
>
> 图7-21 视频点赞量　　　图7-22 视频点赞量分布图

通过以上分析可以得出这样的结论：需要进一步提高视频开头前4秒的质量，对于视频内容而言，开头几秒十分重要，没有好的开头就很难吸引粉丝看完整个视频，久而久之不利于视频的播放。

可见，数据能帮助运营者看到平时看不到的内容，通过实实在在的数据能看到内容营销中存在的问题。就像我们做视频，表面上看很好，但通过数据分析后才发现效果截然相反。因此，利用好大数据的前提就是做好数据分析，那么，什么是数据分析？数据分析的方法又有哪些呢？

所谓数据分析，是指通过数据挖掘、建立数据模型等方式，对各项数据进行深入分析，并提供数据分析报告的一个过程。其目的是明确产品中存在的问题，找到真正的

内容变现： 从0到1打造高收益内容创收模式

解决方案。数据分析方法有很多，常用的如表7-3所列。

表7-3 常用的数据分析方法

分析方法	作用
流量标记	是指在投放目标（一般指广告投放、广告推广）中，设置监测参数，以达到数据分析的一种分析方法。例如，网页访问来源、App下载渠道等多采用这种方法
趋势分析	是指在通过对业务指标监测的基础上，研究用户行为规律和趋势的一种方法。从规律和趋势中预测判断，发现问题、定位问题、得出结论并思考原因
维度拆解	是指对某个业务指标进行多维度的拆解，以进行更深入分析的一种方法。例如，分析流量指标，可从广告来源、地区、操作系统等维度拆解，以更好地观察哪类用户比重更高、价值更大
转化漏斗	是指以可视化方式将转化路径的每一步都展示出来的方法，如柱状图、折线图、饼图、雷达图等。这种方法尤适用于网站、App等互联网产品某些关键路径转化率的分析，以确定整个流程的设计是否合理、各步骤的优劣、是否存在优化的空间等
用户分群	是对用户进行分组的一种分析方法，按照不同标准对用户进行细分，以达到精准营销的目的
留存分析	是对用户留存差异进行分析的一种方法。一个产品中，不同用户群留存有很大差异，通过留存分析寻找用户增长点，探索用户、产品与回访之间的关联度
用户细查	对用户进行研究，观察用户行为轨迹，探索用户与产品的交互过程，从中发现问题，激发灵感
热力图	用高亮颜色展示用户访问偏好，这种方法多用于优化网站或页面布局，以及提高转化率上

第 8 章 案例分析：内容变现经典案例分析

内容变现虽然难度大，但并不意味着不可实施，在近几年的发展过程中涌现出一大批优秀企业，在商业模式、管理经验等方面日渐成熟。如果说前面主要是对理论知识、操作技巧方法的讲解，那本章主要以案例进行分析，旨在达到理论结合实践、学以致用的目的。

内容变现：从0到1打造高收益内容创收模式

8.1 得到App：一枝独秀的背后

"得到"是一款在线学习类App，由罗辑思维团队出品，上线于2016年5月，提倡碎片化学习方式，让用户短时间内获得有效的知识。它旨在为用户提供"省时间的高效知识服务"。

提到这款App，让人最深刻的还是它的付费内容，其在整个知识付费市场占有一席之地。先后开创"每天听本书""大咖专栏"等知识付费服务内容，帮助用户获得最精准、最高效的"干货"内容。

打铁还需自身硬。得到App之所以能在不被大多数人看好的知识付费平台中脱颖而出，并深受用户青睐，主要还在于自身的优势比较突出。

得到App自身优势比较突出，具体表现在以下3个方面。

（1）精准把握市场需求

在把握市场需求上主要是对用户画像的分析，用户画像分析得准确，就奠定了良好的市场基础。得到App在用户画像上十分精准，分别从性别、年龄和地域上做了定位。

首先，从用户性别上，以男性为主。据2020年6月一项数据表明：男女比例为52.02%∶47.98%，其中31～35岁年龄段居多，达到40%左右，如图8-1所示。这说明得到App用户主要是上班族群体，并且分布在一二线城市，如图8-1所示。

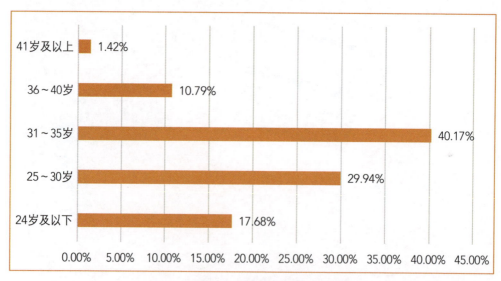

图8-1 得到App使用用户年龄占比示意

其次，从年龄分布上看，以中青年为主。根据已有用户的数据分析，发现"得到"的用户集中在25～35岁之间，占总用户数的70%以上，这个年龄段正处于职场生涯辉煌期，很多职场人正在谋求涨薪、晋升，对专业知识学习及自我能力提升有较强的需求。

最后，从地域上看，"得到"用户主要局限于沿海发达城市、一二线大城市。沿海地区经济发展迅速，对于知识付费有较高的接受能力以及对知识渴望程度较其他地区更大。

（2）挖掘用户痛点需求

从上面的用户画像中，我们可以清晰地看到得到App面向的是这样一群人：

> 经济较发达的、一二线城市中的、中青年男性

这一类人群都有一个共同特点：自我提升需求非常大，他们有学习的欲望，有自我充电的意识和学习动力。

无论是大学生，还是职场人士，他们都希望通过知识提升自我的学习能力、技能方法、职场能力等，并且能够充分有效利用碎片化时间进行学习。因此，得到App可谓是抓住了用户的痛点和需求，满足了用户想要提升自我以及把握碎片化时间的需求。

（3）功能优势

得到App的亮点在于采用音频播放形式，相较于其他在线教育App，得到主打的是听书功能，并且音质较高，课程都是团队或者各行各业的学者专家录制发布，音质方面有所保证。音频播放更能满足用户把握碎片化时间的需求，让其充分利用起下课、吃饭或者上班时间的空隙。

得到App在内容付费市场上一枝独秀，除了自身优势比较突出外，也与良好的社会背景有关。

良好的社会背景表现在如图8-2所示的3个方面。

图8-2　有利于得到App发展的社会背景

1）终身学习的观念深入人心

在当今这个知识爆炸的时代，信息更新速度特别快，终身学习的观念已经成为现代人的基本观念之一，渗透于人们日常生活中。

内容变现：从0到1打造高收益内容创收模式

进入全民互联网时代之后，无论是学生的学习教育需求还是上班族的自我提升需求，移动在线教育对碎片化时间的良好利用以及使用的便利性都可以得到最大限度的满足，使得教育App受到越来越多用户的追捧和青睐。

2）移动教育App成为主流模式

移动教育App具有灵活、操作性强、随时随地、互动性强等优势。数据显示，2021年市场上教育类App目前已超过7.5万个，占据应用商店中应用类型第二位，占比超过10%，仅次于游戏类应用。

2011年，在线教育类App首次出现。2014—2015年，随着网易、腾讯等互联网巨头的加入，在线教育类App有了一个集中爆发期，仍在不断往纵深发展。截至2020年已经出现了职业教育、兴趣学习等多类型的App，市场规模达2573亿，随着国人自我增值需求的不断加强，这个市场仍然有巨大的发展潜力。

3）人们逐步接受了知识付费、内容付费的学习模式

研究表明，移动端在学习进度、语音互动、无须联网、界面设计等方面优于PC端线上教育：56%的用户有意愿为手机在线教育App付费，反映出用户具有为知识付费意识。愿意付费的用户中，50%以上的用户可接受的产品价格在10元以内，这与大多数收费手机应用价格区间接近。

8.2 喜马拉雅FM：破局知识付费魔咒

2016年，喜马拉雅FM用一场知识狂欢节——123知识狂欢节，迎来了喜马拉雅FM发展的高潮，24小时销售额超过5088万元，成为知识电商的代表。同时，也打破了知识付费长期有市无价的魔咒，让更多的人喜欢上付费音频课程。

> **延伸阅读：**
>
> **123知识狂欢节**
>
> 喜马拉雅FM发起的国内首个内容消费节，定于每年的12月3日，号召全民重视知识的价值。2016年为首届，12月3日当天总销售额为5088万元，相当于淘宝"双十一"第一年销售额。其中马东《好好说话》以555万元成为销量总冠军。

喜马拉雅FM算是知识付费的首倡者之一，并且奠定了知识付费中音频课程这一变现形式。现在音频领域是当之无愧的王者。那么，喜马拉雅FM的音频课程是如何成长为行业巨头的呢？主要有如图8-3所示的优势。

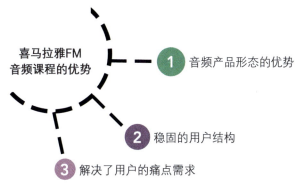

图8-3 喜马拉雅FM音频课程的优势

（1）音频产品形态的优势

音频这种形态的课程具有诸多优势，喜马拉雅FM平台就是在主做音频，这是它唯一的产品形态。音频课程这种产品形态较之其他产品形态的优势具体如表8-1所列。

表8-1 音频课程较之其他产品形态的优势

其他形态产品	优势
较之图文或者视频类内容	具有场景普适性，使用场景最广，限制最小，包括但不限于开车时、乘地铁时、干家务时、睡前等
较之在线电台类平台	具有内容来源的优势，喜马拉雅FM平台是以PGC为主流（兼具部分UGC），通过合作方式吸纳专业的电台人、节目人、行业专业人等分享内容。这使得喜马拉雅FM平台的内容具有一定的质量前提，又能满足用户多样化的需求
较之付费产品本身	喜马拉雅FM已经打造出标杆性付费栏目，同时也有了相当量级的付费数据沉淀，利于转化其他格式的付费内容

（2）稳固的用户结构

用户是最直接的消费者，当一个产品有稳定的消费群体后，其盈利也是必然的。喜马拉雅FM平台有最稳固的消费群体，无论从性别、年龄、城市等哪个角度看，喜马拉雅FM都未出现明显的"偏科"。

这样的均衡形式奠定了喜马拉雅FM做成"淘宝"式（知识内容丰富，用户能自由选购感兴趣的）知识付费App的基础。这样的发展模式无疑是最稳定的，能更好适应用户口味的变化和市场形势的动荡。

1）性别情况

据统计，喜马拉雅FM的用户男女比例相当，男性用户占比51.5%，女性用户占比48.5%。

内容变现：从0到1打造高收益内容创收模式

2）年龄分布

喜马拉雅FM的用户，20~24岁占比最多，达28.7%，其次是25~32岁。总体来说，用户大都集中在20~32岁年龄段，而这群体也正是互联网用户最多的年龄段。

3）城市分布

在用户的城市分布上，大部分平台用户都集中在一二线城市，不少平台仅仅局限于几个一线大城市。而喜马拉雅FM的用户分布相对均匀，来自大城小镇，一、二、三线城市及三线以下城市分布都差不多。

(3) 解决了用户的痛点需求

喜马拉雅FM之所以拥有如此广泛的用户，最根本的原因还是确确实实解决了一大部分用户的痛点需求。结合App Store、华为手机上应用宝中对喜马拉雅的评论发现，喜马拉雅FM解决了用户的很多痛点需求。比如：

①希望能通过音频学习、娱乐的人。
②时间比较碎片化，没有大量时间学习的人。
③爱护眼睛不想看电子产品而又必须学习的人。
④没有大量时间看书，希望多快好省学习的人。
⑤希望得到专业又有趣的知识，以帮助教育孩子的家长。

喜马拉雅FM作为国内发展最好的音频类平台，总的来说满足了大部分用户的需求。基于其庞大的用户基数，在知识付费的热潮中也逆流而上，跻身于第一梯队。

8.3 樊登读书：粉丝暴涨有"秘籍"

樊登读书是2015年2月5日推出的一个阅读类平台，原名"樊登读书会"，2018年正式更名为"樊登读书"，主要是通过视频、音频、图文等多样化的阅读方式，运用抖音、微信、微博、贴吧等社交新媒体的力量，同时也结合线下读书分享活动，帮助读者在40~60分钟之内理解一本书的精华内容，帮读者养成阅读的习惯。

樊登读书是知识付费时代的大IP，就只是付费而言，它是非常成功的。2016年以来，"知识付费"逐渐被广大群众接受，也成为众多互联网平台、自媒体人变现的重要方式。得到App、喜马拉雅FM、樊登读书被越来越多的人所熟知，赚得也是盆满钵满。

樊登读书是一匹黑马，拥有数千万粉丝，其开通的短视频账号，成为抖音和快手两大短视频平台的头部网红账号，仅仅两个账号就拥有1500多万粉丝，如图8-4、图8-5所示。

案例分析：内容变现经典案例分析 第8章

图8-4　樊登读书快手账号

图8-5　樊登读书抖音账号

樊登读书广受粉丝喜欢的原因，主要与如图8-6所示的因素有关。

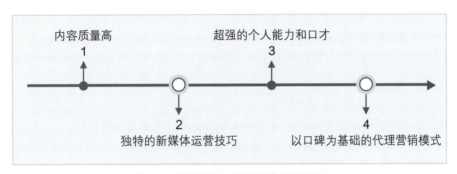

图8-6　樊登读书广受粉丝喜欢的原因

（1）内容质量高

樊登读书作为一项内容型产品，广受欢迎的最主要原因还是内容质量高。虽然时长只有60分钟，对于读一本书来讲虽然不够，但却能抓住精华，深深吸引听众注意力，抓住听众的核心需求。

（2）独特的新媒体运营技巧

众所周知，樊登读书向听众呈现内容的主要途径有微信、微博、抖音、快手、贴吧等新媒体。因此，新媒体运营成效也深刻影响着最终的变现效果，而樊登读书团队在媒体的运营上可谓非常独特，效果斐然。

还是以樊登读书抖音号为例，很多粉丝在刷抖音时不止一次地刷到，而且账号昵称不同，这是因为樊登读书在抖音上有个强大的账号矩阵。据悉，樊登读书抖音账号多达几百个，而且是在一开始就注册了的，一度被网友们称作抖音之毒。

141

内容变现：从0到1打造高收益内容创收模式

那么，樊登读书抖音号在短短一年内就打造成网红账号，很大原因得益于强大的账号矩阵。

匪夷所思的是，百个账号背后只有3、4个人在运营，据樊登读书新媒体负责人爆料："我们是2018年底开始做抖音的，一开始就只有3个人，其中两个还是实习生。现在，在抖音上有好几百个账号，全职人员也只有4人。"4个人1年把账号做到粉丝量过亿，背后肯定与独特的运营方式有关。

（3）超强的个人能力和口才

樊登读书，最大招牌就是发起人"樊登"。樊登读书之所以如此受欢迎，肯定与樊登本人的个人能力、魅力是分不开的。听过樊登讲书的人，都能感觉到他高超的口才和幽默感，其实这是他刻意练习过的。

樊登是个非常有才华的人，毕业于西安交通大学，曾是央视主持人，获电影专业博士学位。尤其是他的口才，能进入央视就是一个证明，同时也深受电影的影响。正因此，他在讲书时引用电影时信手拈来。

他的这些才能不仅仅体现在讲书中，还体现在与粉丝的互动中，往往能化质疑于合情合理之中。

一次，一位深度阅读的爱好者问：用一个小时来讲一本书，是不是一种"快餐式的阅读"？面对质疑，樊登没有直接回答是还是不是，而是这样回复的：

特蕾莎修女在大街上给灾民发免费粥，有几个青年走来说："这样是不行的，治标不治本。"修女问："你有更好的办法吗？"青年回答："没有。"修女说："当你没有更好的办法的时候，就请搭把手吧！"

（4）以口碑为基础的代理营销模式

樊登读书遍布全网，几乎在任何平台都能看到其身影。樊登读书的营销是以口碑为基础的代理营销模式，这一营销策略让樊登读书粉丝会呈现井喷式增加。

下面讲讲樊登读书的两个营销策略，这两个战略就是口碑式营销的具体体现。

1）市场渗透战略

市场渗透战略是用户使用推荐送会员天数的方式让用户转发每日二维码，转发可得积分，若注册可得7天会员，成功付费则给予现金奖励或积分奖励，积分可以兑换会员天数和实体书籍。

2）新产品开发策略

新产品开发战略是樊登读书每周都会更新两本新书，来增加产品的丰富度。市场开发战略是樊登读书会通过招募区级分会、县级分会、微企合作单位、驿站的方式将平台运营授权给他们，让他们共同开拓市场，扩大市场份额。

8.4 暴走漫画：打造高质量内容的诀窍

暴走漫画，是一家适合年轻人的在线漫画阅读平台。早在2008年，成立工作室时便开始打造自己的动漫产品，2012年成立上海暴走科技有限公司，陆续在北京、深圳设有分公司和办事处，致力于动漫（动画）创作、动漫周边产业设计及开发。

经过多年的发展，暴走漫画的产品线已从简单的四格漫画，发展到动态漫画。暴走漫画与各大互联网公司密切合作，围绕"暴走"打造一系列IP产品，综艺、真人剧、电影、视频（暴走漫画视频产品如图8-7所示）、图书、游戏等，成为国内影响力较大的互联网内容生产商之一，长期占据内容生产第一的地位，深受大众尤其是年轻人的喜爱。据不完全统计，暴走漫画在优酷、微信、微博、QQ空间、B站等自媒体各平台上，拥有粉丝高达2亿多，年龄跨度从3岁到48岁。

图8-7 暴走漫画视频：煮酒论英雄

传统漫画市场急剧下降，暴走漫画却迅速走红，打造高质量的内容，获得年轻人的喜爱，秘诀是什么？主要有如图8-8所示的4个方法。

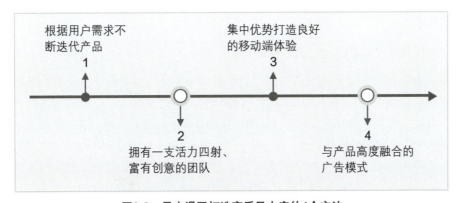

图8-8 暴走漫画打造高质量内容的4个方法

（1）根据用户需求不断迭代产品

暴走漫画是一种互联网产品，而互联网产品具有迭代性，即需要根据用户需求对产品进行更新换代。

暴走漫画的产品线是一个动态的过程，最初是平面漫画，这也是暴走漫画品牌发展的根基。很多人最早了解到暴漫，是通过官网或者微博，看到的都是平面漫画。

平面漫画类作为暴走漫画的形象，最先被开发出来。由于平面漫画易画易传播，培养起了第一批忠诚粉丝，再加上具有连续稳定的内容输出能力，积累了坚固的用户基础，而且令很多用户源自主动自觉参与，形成社区感，为吸引更多的用户打下了基础。

随着用户对漫画要求的提高，需求也发生了巨大变化：用户除了喜欢看漫画图书外，还喜欢看动的漫画。为了均衡喜爱暴走产品的各类用户的需求，暴走漫画又先后推出了《暴走漫画》动画系列、《暴走大事件》新闻吐槽类视频系列，颇具暴走的风格。

至此，这时的暴走漫画已经不只是个漫画，而是一个品牌，是一种情绪状态或风格。按照这个思路，暴漫又开始开发手游、小游戏，力争让喜爱暴走的用户在不同的精神领域里，感受到"暴走"这个品牌的气息。之后还会衍生出各种各样线上和线下的新产品，"暴走"的新鲜血液是不会停止注入的。

品牌运营必须坚持一个原则，那就是用户需求。用户需要看内容，需要体验感受，在做好核心产品优化的基础上，必须坚持新产品开发。只要将产品与需求同步，无论出什么样的产品，用户都会喜欢。

（2）拥有一支活力四射、富有创意的团队

暴走漫画之所以有这样的传播力和内容影响力，站在运营的角度看，就是团队协作。

暴走漫画创始人在接受采访时说："暴漫有这样的成绩，我觉得很惊喜，虽然不想这样俗套，但还是要感谢我团队中的每个人，他们都很棒。虽然我是创始人，我负责设计产品，并赋予它灵魂；但产品更重要的，是如何实现它制造的肉体。这些成绩都是我的团队创造的。我团队中的每个人，对产品的喜爱和坚持都不亚于我。他们首先是用户，其次才是员工；有了这样的团队，一个产品必然会无往不利。"

（3）集中优势打造良好的移动端体验

暴走漫画有数量这么庞大的粉丝，应该说很大部分流量得益于移动端。随着移动互联网和移动设备的发展，移动端取代PC端成为主要的流量入口。但移动端的开发比较难，因此，很多企业的产品在向移动端转移的过程中成效并不好，有的仅仅是实现了用手机体验产品的简单操作。

暴走漫画起初是着重于PC端开发，而且做得非常好。例如官网，网站内容力争做到最好，自己创作漫画和视频，还要审核出好的投稿。官网的观看体验也非常好，除了制作器的开发外，还有网站内容分类、网站专区活动、表情中心、作者级别胸章、暴漫

专属虚拟代币、暴漫官网论坛等。

后来,暴走漫画积极开发移动端产品,暴走漫画App界面体验如图8-9所示,尽管用手机制作漫画困难很大,但他们攻克了很多技术难题,开发了一套完整的移动端产品和功能,包括手机和平板电脑产品、制作器,最大程度上实现并优化了手机屏幕制作暴漫的用户体验。

图8-9　暴走漫画App界面体验

除此之外,移动端的功能和内容尽可能完善、玩法也尽可能地接近PC端。

(4) 与产品高度融合的广告模式

如果讲到暴走漫画对广告的态度,大多粉丝是模糊的,这是因为在看暴漫时,无论是平面漫画,还是动态漫画,很少看到过硬性植入的广告。在暴漫的各个平台上,基本看不到暴漫的任何广告位,包括任何banner、push、图片或文字广告。

究其原因是商业模式的不同。众所周知,观众非常不喜欢广告,再好的产品,旁边有了不停闪烁的广告,产品体验就会大大被削弱,尤其是那种挡住视线的富媒体广告。即使现在各站、各平台广告非常普遍,网友似乎又能接受,但对新用户伤害非常大。核心用户和黏性用户可能影响不大,但对于新用户,尤其是App端,在用户对产品还不是特别了解的情况下,一旦被页面跳出的广告干扰,可能就不会回来。

因此,暴漫采用了一种区别于新型互联网广告模式却有些近似于传统媒体的模式:即用电视广告的形式做互联网产品。如果一个品牌和产品本身做得好,那么就会吸引优质的广告主;如果还能做得有创意点,把广告融入漫画或者视频产品中,至少不会被用户排斥,甚至在不经意之间看了广告。

8.5 欧莱雅：为品牌创建"内容工厂"

互联网时代内容至上，随着内容热来袭，越来越多的品牌喜欢依靠内容提升自身知名度，提高销量。最常用的一个做法就是变身媒体做内容，例如Airbnb做杂志、GoPro创建视频平台等。还有红牛、可口可乐等知名品牌都在通过建立自己的内容平台或媒体工作室进行品牌传播，吸引消费者的注意力。

欧莱雅（加拿大）也是其中的佼佼者，2015年在内部创建"内容工厂"，目的就是为旗下的美容品牌（比如美宝莲、契尔氏等）提供实时的、本地的共享内容。欧莱雅的内容部门设在加拿大蒙特利尔，就干货视频、美妆教程，以及社交媒体上的照片进行视觉和文本内容的创造。

同时，与YouTube（在线视频服务公司，总部位于美国加利福尼亚州）密切合作，深入对平台的了解，并在此之上创建更多与品牌相关的内容。

比如，双方共同开发的美容美发教程视频，此类视频是化妆品类别中搜索度较高的内容之一。因此，双方极为重视，在测试阶段时就围绕旗下的护肤品牌Shu Uemura制作了8个"How To"的视频。其中，"如何塑造你的眉毛"反响尤为强烈，它在没有任何付费媒体的报道下，播出一天就积累了近万浏览量，如图8-10所示。

图8-10　欧莱雅"How To"系列视频截图

欧莱雅建造内容工厂最终目的就是为品牌和产品服务。正如欧莱雅电商兼数字营销经理Benoit Delporte所说：每当推出一个新产品时，就会制作出相应的产品视频教程，在此之前，品牌只是强调自身，并没有真正倾听客户的声音。而现在欧莱雅所做的，是以客户为中心，为客户提供内容。

通过内容不仅可以传递产品的用法，还能展示如何利用产品打造出一个完美的造型，进一步满足消费者的深层次需求。

比如，以前客户通过电商网站购买某个产品，可能只是单纯地寻找产品；而现在，不仅仅寻找产品，还会找相应的信息。对于品牌方来讲，只是对产品的推出做简单的描述，已经远远不够，而是要针对客户需求开启相关内容，比如热门护发问题咨询，消费者可以在特定的页面上得到不同问题的针对性解答。针对每一个问题，都有多个小提示。因此，在卡诗（欧莱雅集团旗下最高端专业美发品牌）的电商网站上，就能看到些许变化，很大程度上增强了客户体验。

总之，欧莱雅（加拿大）品牌通过设立内容工厂，对品牌全球区域的推广起到了很好的作用。欧莱雅的这种做法，也给了我们很大的启发：品牌正在逐步成为自身的媒体发行商，生产这种类型的内容对传统品牌而言是一场真正的革命。

8.6 唯品会：创意延展玩转内容营销

随着电商领域的竞争越来越激烈，很多电商品牌生存处境越发困难。唯品会却成为日渐式微的电商品牌中不一样的存在，不但能在竞争中脱颖而出，还找到自己的生存之道，成为大众喜爱的电商品牌之一。

这与其营销策略有关，电商营销已是业界常态，收割和转化流量是电商营销的主要目标。在渠道分散化、消费者细分化的市场现状中，如何才能更精准地切中目标群体，实现信息突围直达人心？在这点上，唯品会为所有品牌做了很好的参考价值。

唯品会在内容营销上做得很成功，几乎每个月都在输出内容，而且每次都能找到契合人心的切入点。比如，借主流娱乐内容年度大IP《扶摇》做了一个很有独特的内容营销，简单切入，获得了大流量。

唯品会与《扶摇》展开深度内容合作，在剧中所有盒子都是"唯品阁"出品，观众一眼看出唯品阁就是唯品会。与IP建立连接、保持品牌形象的新鲜度，这样的操作方式，既可以借娱乐IP筛选更精准的目标群体切入，又能让唯品会的内容永远有新的信息输出，与用户有"话"可说。

除此之外，7·19爽购节的视频也以IP为基础进行内容创意延展。唯品会从7·19爽购节整体营销信息中提炼出用户核心利益点：三件七折。以《扶摇》的内容形式，打造视频内容创意，对"三件七折"进行"划重点"式的演绎，"三件七折"变成了"三剑七折"，如图8-11所示。"三剑七折"的梗、新奇的脑洞、突然的转折，令人印象深刻。以年轻人的戏谑方式传递简单的核心利益，直达人心，出其不意，令人过目不忘！

图8-11　唯品会在《扶摇》演绎"三剑七折"的内容

内容变现： 从0到1打造高收益内容创收模式

从唯品会这次的内容营销中，我们看到了一种新的营销思维：内容至上，以爽制胜，即以简单的信息内容，为用户打造"爽"感的体验氛围。从情感营销到爽感营销，唯品会的内容营销方式带来了如图8-12所示的3点启示。

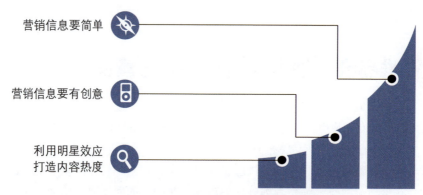

图8-12　唯品会内容营销方式带来的3点启示

（1）营销信息要简单

营销信息要简单，简单简单再简单，以"简"切入，抓住核心利益点，精准触达，直接转化购买，没有那么多的套路，只有走心的创意和实打实的折扣！在信息爆炸的时代，越简单越清晰，年轻用户也喜欢直白的沟通方式。集中资源，力推一个最"打动人"的营销核心信息，明确营销要"说什么"。

仍以上面与《扶摇》合作的视频为例来分析，视频机制凸显一个很简单的信息——三件七折，清晰地传递出了令人印象深刻的促销信息。唯品会这次的视频称得上简约而不简单：年轻化的脑洞创意，营造娱乐氛围让用户产生幽默共鸣感，既延续IP画风又让用户看得过瘾。视频上线后全网播放量短时间内破百万，"三剑七折"的梗也成为热议对象。

（2）营销信息要有创意

在信息表达方式上，唯品会采用了年轻人直白又有反差的机智沟通方式，让用户感觉到品牌的娱乐感和鲜活感。

例如，唯品会曾联合美图旗下的美图相机，针对爱美用户，围绕彩妆体验和消费，开展了一个口红营销活动：几乎每个女生都拥有不少口红，可未必每个女生都了解口红的前世今生。于是，美妆相机和唯品会推出"口红史报"，利用九张图告诉你口红的前世今生，把口红的前世今生浓缩在九张图片中，丰富的内容成为消费升级时代营销升级的一个经典案例。这些有趣的口红冷知识一经发布，就在社交平台上引发了用户的围观和分享。

用"口红史报"这种表达形式与年轻用户达成脑洞共识,就像给年轻人回顾历史一样,让用户感受同类脑洞带来的"氛围共鸣"点,让营销不是直白地传递信息,而是有趣的灵魂在沟通。

(3)利用明星效应打造内容热度

长期以来,唯品会一直在时尚之路处于引领地位,总能够在充分洞察流行趋势和消费者需求的基础上,集合各大IP资源强势出击,引领新一轮的时尚潮流。

例如,在一次时尚风暴的专场活动上,唯品会针对不同人群推出不同的内容策略,邀请包括模特、设计师、时尚达人等在内的百大网红,通过优质的内容,深入分析当下的流行趋势,从款式、颜色、元素等角度对产品进行综合测评,打造属于用户的独一无二的穿搭风潮,挑选符合品类潮流特征的单品。

其中最吸引用户的,无疑就是百万粉丝网红余潇潇、"这就是街舞"团长黄潇及其团员陈昱希、张艺凡、美斯等进行的直播互动。直播启动边看边买的方式,用户看到心仪的产品,即可下单购买,同时领取直播过程中的红包和特权(包括明星同款服装、无门槛70元红包、口红、欧阳娜娜亲笔签名等),持续吸引用户注意。

在直播卖货的同时也让消费者看到对于美的态度,体现对于更具质感的生活的追求。

总之,唯品会在内容上实现了精准的借势,锁定目标用户群体,不仅让品牌信息无限贴近用户的连接点,还在流量基础上打造了年轻群体新型沟通方案:直白简单,诚意十足,一切以用户体验为中心,做一个有趣、有灵性的品牌,走心地沟通,保持和年轻群体的同频共振。

8.7 黎贝卡:内容工作者转型内容电商

爱美人士肯定关注过不少时尚类微信公众号,但"黎贝卡的异想世界"却屡屡刷新大众的认知。例如,与故宫文化珠宝合作推出400件联名款珠宝,仅20分钟就宣布售罄;黎贝卡联手MINI发售定制车,整整100辆全部卖出只用了四分钟;推出"黎贝卡Official"微信小程序上线七分钟,交易额就突破了100万。

"黎贝卡的异想世界"是时尚博主黎贝卡(原名方夷敏)在2014年创办的一个时尚公众号,后来开始做电商,每每都能卖到断货,被称为"时尚教主"。黎贝卡拥有巨大的粉丝量,多次与故宫、MINI等大品牌进行跨界合作,同时也创立了自己的品牌。论账号成立时间,2014年算是比较靠后,论专业度也不比一些大咖、专业人士,她从一名文字工作者——记者半途转做新媒体,曾先后担任《新快报》《南方都市报》首席记者,2014年辞职创办时尚公众号。这样一个看似不太专业的人如何做到这么出众?其中原因有以下3点。

(1) 内容时尚接地气

"黎贝卡的异想世界"自面世以来做了很多爆款,阅读量从100万到1000万的都有。凭借优质的时尚性内容,黎贝卡成为众人心中低调、奢华、有内涵的穿衣搭配博主,拥有一众粉丝跟着她不断地消费。

2020年后的黎贝卡,已是一个有着70多人的团队,在内容矩阵上又有所扩大,建立了以"黎贝卡的异想世界"为中心的多个垂直账号。比如,"每天只种一棵草""异想生活笔记""你的包真好看",分别围绕种草、生活和包包,让内容得以全面铺开,满足粉丝更大的需求。如图8-13所示是微信公众号"每天只种一棵草"文章截图。

图8-13 "每天只种一棵草"文章截图

(2) 拥有极强的个人IP

黎贝卡十分注重"连接",她经常出席时尚活动,拍时尚封面等,在社交网站与粉丝互动等(如图8-14所示,是她在知乎上与粉丝的问答互动截图),这为她形成强大的IP奠定了坚实的基础。

长期以来的输出,使她跟读者能建立起强大的信任感,当有了很强的个人IP以及用户信任作为保障之后,她才推出了自己的专属品牌,且首批单品价格非常实惠,让时尚变得唾手可得,这当然会成为一场大捷。

图8-14　黎贝卡在知乎上与粉丝的问答互动

（3）立足于微信小程序

这是一个很重要的原因，黎贝卡在决定做自有品牌的时候，首先选择了微信小程序。

小程序是一种不需要下载、安装即可使用的应用，随时可用，无须卸载，其最大的特点就是使用便捷。黎贝卡虽然是做公众号起家，但决定做品牌时，果断做起小程序。之前在公众号上的一些合作，商品只能放在"原文阅读"或H5中，"阅读原文"的打开率太低会导致商品曝光率低，而H5加载不便捷且不容易保存，第二次再想找就不容易了。

作为自媒体，在微信上有自己的流量优势，小程序出现之前，一般都通过公众号卖货，而有了小程序之后自然优先选择小程序。从运行的角度来看，小程序只是一种新的开放能力，它实现了应用"触手可及"的梦想，用户通过"微信扫一扫"或者"搜一下"即可打开应用，这也体现了"用完即走"的理念，用户不用关心安装太多应用的问题。开发者可以快速地开发一个小程序。在微信内被便捷地获取和传播，同时具有出色的使用体验。